金融機関行職員のための
債権法改正で変わる事務手続・規定・様式例

桜井達也 [著]

一般社団法人 金融財政事情研究会

まえがき

　2017年に債権関係の条文を中心とする民法の大改正がありました。施行は公布後3年以内の政令の定める日とされ、2020年4月1日施行予定で準備が進められています。国会審議の影響などで成立までも随分と待たされたうえに施行までもまだ期間があるということで、実務対応の準備も「大急ぎで」という感じではないかもしれません。いまは、解説書などを読んで民法改正の全体像を勉強している段階かもしれません。金融機関行職員向けの実務雑誌等でも改正法の解説記事や特集は組まれていますが、実際に実務の取扱いをどのように変更したらよいのかという点はほとんど語られていないように思います。たとえば今回の改正の目玉の1つに時効制度の改正がありますが、この改正により金融機関の実務がどのように変わるのか変えなければならないのかなどを解説したものはまだ見当たらないように思います。

　本書は、民法改正の内容を改正法に沿って体系的に解説することを目指した本ではありません。金融機関行職員向けの金融法務の解説書や一般に用いられている事務手続の項立てに従い、今回の民法改正でそれらの記述や規定内容がどのように変更になるのか変更しなければならないのかという点に絞って、変更となる事項やその事務手続例、様式例などを解説していくことを目的とした解説書です。そのため民法改正の全容を体系的には解説していません。その部分はすでに多くの書籍が出版されていますから、そちらを参照していただきたいと思います。

　これから民法改正の実務への影響を考えその対応を検討する作業に入る金融機関行職員の方も多いと思います。本書はそれらの方々に、金融機関内の指導資料や事務手続の改訂箇所と内容を明らかにし、それらの方々の検討の一助、検討のたたき台として書きました。また、これまで金融法務

を勉強してきた金融機関行職員の方々の業務知識の上書き修正の助けにもなると思います。

　本書が皆様のお役に少しでも立てれば幸いです。

［おことわり］
　本書は、著者が農林中央金庫法務部および株式会社協同セミナー（現、株式会社農中アカデミー）に勤務していた時の実務経験等から今回の改正内容を受けて金融機関がどのように対応すればよいか考えて書いたものですが、本書でお示しした内容が絶対に正しいと言い切れる内容ではないことをご理解いただきたいと思います。もちろん、私の力不足ゆえの誤りもあるかもしれません。実務に活用される際はその点を十分にご留意いただきたいと思います。

　2018年11月

桜 井 達 也

目　次

第1部　預金関係

第1章　預金口座の開設（預金取引の開始） ……………………… 3
　　◆改正により変更となる点 ……………………………………… 4
1　預金契約の法的性質 ………………………………………………… 5
　　◆解　説 …………………………………………………………… 5
　（1）金銭消費寄託契約（預金契約の法的性格） ………………… 5
　（2）諾成契約としての預金契約の再構成 ………………………… 5
　　◆経過措置 ………………………………………………………… 7
　　◆事務手続の変更点 ……………………………………………… 7
　　◆規定・様式等の変更点 ………………………………………… 7
2　「定型約款」としての預金規定 …………………………………… 8
　　◆解　説 …………………………………………………………… 8
　（1）預金規定の位置づけ …………………………………………… 8
　（2）「みなし合意」の要件に適合させるための預金規定の整備 … 9
　　◆経過措置 ………………………………………………………… 12
　（1）定型約款に関する改正にかかる経過措置 …………………… 12
　（2）預金規定等の具体的な改訂手順 ……………………………… 12
　（3）規定変更の時期 ………………………………………………… 13
　　◆事務手続の変更点 ……………………………………………… 13
　　◆規定・様式等の変更点 ………………………………………… 13

第2章　預金取引の成立 …………………………………………… 15
　　◆改正により変更となる点 ……………………………………… 16
1　口座開設 ……………………………………………………………… 17

	◆解　説 ……………………………………………………………… 17
（1）	口座開設の法的な意味 …………………………………………… 17
（2）	入金前の口座解約 ………………………………………………… 18
	◆経過措置 …………………………………………………………… 19
	◆事務手続の変更点 ………………………………………………… 20
（1）	口座開設申込書・印鑑届 ………………………………………… 20
（2）	入金前の口座解約 ………………………………………………… 20
	◆規定・様式等の変更点 …………………………………………… 21

2　現金の受入れ …………………………………………………………… 22

　　◆解　説 ……………………………………………………………… 22
　（1）　現金の受入れの位置づけ ……………………………………… 22
　（2）　預金受入れ権限と現金の受入れ ……………………………… 22
　　◆経過措置 …………………………………………………………… 23
　　◆事務手続の変更点／規定・様式等の変更点 ………………… 23

3　振込による預金への入金 ……………………………………………… 24

　　◆解　説 ……………………………………………………………… 24
　　◆経過措置 …………………………………………………………… 25
　　◆事務手続の変更点 ………………………………………………… 25
　　◆規定・様式等の変更点 …………………………………………… 25

第3章　預金の払戻し …………………………………………… 27

　　◆改正により変更となる点 ………………………………………… 28

1　金融機関からする預金の払戻し ……………………………………… 29

　　◆解　説 ……………………………………………………………… 29
　　◆経過措置 …………………………………………………………… 30
　　◆事務手続の変更点 ………………………………………………… 30
　　◆規定・様式等の変更点 …………………………………………… 30

2　預金者でない者に対する預金払戻しの効力 ………………………… 31

　　◆解　説 ……………………………………………………………… 31

◆経過措置 …………………………………………………………… 33
　　◆事務手続の変更点 ………………………………………………… 33
　　◆規定・様式等の変更点 …………………………………………… 33

第4章　預金の譲渡制限について ……………………………… 35

　　◆改正により変更となる点 ………………………………………… 36
　　◆解　　説 …………………………………………………………… 37
　⑴　債権の譲渡制限の規定の改正と預金債権の取扱い ……………… 37
　⑵　譲渡性預金について ………………………………………………… 38
　　◆経過措置 …………………………………………………………… 39
　　◆事務手続の変更点 ………………………………………………… 39
　⑴　普通預金、当座預金 ………………………………………………… 40
　⑵　定期預金、通知預金 ………………………………………………… 41
　⑶　譲渡性預金 …………………………………………………………… 42
　　◆規定・様式等の変更点 …………………………………………… 43

第5章　預金規定の具体的な検討例 …………………………… 45

第6章　定期積金の固有の事項 ………………………………… 61

　　◆改正により変更となる点 ………………………………………… 62
　　◆解　　説 …………………………………………………………… 63
　　◆経過措置 …………………………………………………………… 63
　　◆事務手続の変更点 ………………………………………………… 63
　　◆規定・様式等の変更点 …………………………………………… 64

第7章　連名預金 …………………………………………………… 65

　　◆改正により変更となる点 ………………………………………… 66
　　◆解　　説 …………………………………………………………… 67
　⑴　連名預金について …………………………………………………… 67

(2)　民法改正後の注意点 ………………………………………… 67
　　◆経過措置 ………………………………………………………… 68
　　◆事務手続の変更点 ……………………………………………… 69
　　◆規定・様式等の変更点 ………………………………………… 69

第8章　預金の差押え ……………………………………………… 71

　◆改正により変更となる点 ………………………………………… 72
1　差押えと債権譲渡制限 ……………………………………………… 73
　　◆解　　説 ………………………………………………………… 73
　　◆経過措置 ………………………………………………………… 74
　　◆事務手続の変更点／規定・様式等の変更点 ………………… 74
2　差押え等にかかる金融機関の通知義務 ………………………… 75
　　◆解　　説 ………………………………………………………… 75
　　◆経過措置 ………………………………………………………… 76
　　◆事務手続の変更点／規定・様式等の変更点 ………………… 76

第9章　預金債権について権利を主張する者への対応 ……… 77

　◆改正により変更となる点 ………………………………………… 78
　◆解　　説 …………………………………………………………… 79
　◆経過措置 …………………………………………………………… 80
　◆事務手続の変更点 ………………………………………………… 80
　◆規定・様式等の変更点 …………………………………………… 80

第10章　預金の時効 ………………………………………………… 81

　◆改正により変更となる点 ………………………………………… 82
　◆解　　説 …………………………………………………………… 83
　◆経過措置 …………………………………………………………… 83
　◆事務手続の変更点／規定・様式等の変更点 …………………… 83

第2部　貸出の基本

第1章　貸出の形態 …………………………………………………… 87
- ◆改正により変更となる点 ………………………………………… 88
- ◆解　　説 ………………………………………………………… 89
- ◆経過措置 ………………………………………………………… 91
- ◆事務手続の変更点 ……………………………………………… 91
- ◆規定・様式等の変更点 ………………………………………… 91

第2章　基本約定書と取引別約定書 ………………………………… 93
- ◆改正により変更となる点 ………………………………………… 94
- ◆解　　説 ………………………………………………………… 95
- (1) 定型約款として所定の効果を生じさせる要件の該当性 ……… 95
- (2) 定型約款となった場合の効果 ………………………………… 96
- (3) 定型約款の変更と貸出取引の契約 …………………………… 98
  - ◆経過措置 ……………………………………………………… 99
  - ◆事務手続の変更点／規定・様式等の変更点 ………………… 99

第3章　貸出取引の相手方 …………………………………………… 101
- ◆改正により変更となる点 ………………………………………… 102
- 1　個　　人 ………………………………………………………… 103
  - ◆解　　説 ……………………………………………………… 103
  - ◆経過措置／事務手続の変更点／規定・様式等の変更点 …… 104
- 2　民法上の組合 …………………………………………………… 105
  - ◆解　　説 ……………………………………………………… 105
  - ◆経過措置 ……………………………………………………… 107
  - ◆事務手続の変更点 …………………………………………… 108
  - ◆規定・様式等の変更点 ……………………………………… 108

第4章　契約の目的と公序良俗 …………………………… 109

　◆改正により変更となる点 ………………………………… 110
　◆解　　説 …………………………………………………… 111
　◆経過措置／事務手続の変更点／規定・様式等の変更点 ………… 111

第5章　保　　証 …………………………………………… 113

　◆改正により変更となる点 ………………………………… 114
1　保証の種類 ………………………………………………… 115
　◆解　　説 …………………………………………………… 115
　(1)　連帯保証と単純保証 …………………………………… 115
　(2)　個人根保証契約、個人貸金等根保証契約 …………… 118
　(3)　事業にかかる債務についての保証契約 ……………… 118
　　◆経過措置 ………………………………………………… 121
　　◆事務手続の変更点 ……………………………………… 121
　　◆規定・様式等の変更点 ………………………………… 124
2　保証契約締結時の情報の提供義務（改正民法465条の10） ……… 125
　◆解　　説 …………………………………………………… 125
　◆経過措置 …………………………………………………… 126
　◆事務手続の変更点 ………………………………………… 126
　◆規定・様式等の変更点 …………………………………… 126
3　主たる債務の履行状況、期限の利益喪失に関する情報の提供義務 …… 128
　◆解　　説 …………………………………………………… 128
　◆経過措置 …………………………………………………… 129
　◆事務手続の変更点 ………………………………………… 130
　◆規定・様式等の変更点 …………………………………… 130

第6章　根抵当権 …………………………………………… 131

　◆改正により変更となる点 ………………………………… 132

| ◆解　　説 …………………………………………………………… 133 |
| ◆経過措置 …………………………………………………………… 133 |
| ◆事務手続の変更点 ………………………………………………… 133 |
| ◆規定・様式等の変更点 …………………………………………… 134 |

第7章　債権譲渡担保・債権質 …………………………………… 135

　　◆改正により変更となる点 ………………………………………… 136

1　債権譲渡担保・債権質の対抗要件 ………………………………… 137
　　◆解　　説 …………………………………………………………… 137
　　◆経過措置 …………………………………………………………… 138
　　◆事務手続の変更点 ………………………………………………… 138
　　◆規定・様式等の変更点 …………………………………………… 139

2　債権譲渡制限の特約と債権譲渡担保 ……………………………… 140
　　◆解　　説 …………………………………………………………… 140
　　◆経過措置 …………………………………………………………… 141
　　◆事務手続の変更点／規定・様式等の変更点 ………………… 141

第8章　貸付金の実行 ……………………………………………… 143

　　◆改正により変更となる点 ………………………………………… 144
　　◆解　　説 …………………………………………………………… 145
(1)　貸付実行の概要 …………………………………………………… 145
(2)　貸付実行時の注意事項 …………………………………………… 145
　　◆経過措置 …………………………………………………………… 146
　　◆事務手続の変更点 ………………………………………………… 146
　　◆規定・様式等の変更点 …………………………………………… 146

第3部　貸付金の管理

第1章　相続による債務の承継（債務引受契約） …………… 149
- ◆改正により変更となる点 ………………………………… 150
- ◆解　　説 ……………………………………………………… 151
- ◆経過措置 ……………………………………………………… 154
- ◆事務手続の変更点 …………………………………………… 154
- ◆規定・様式等の変更点 ……………………………………… 155

第2章　保証人からの弁済 ………………………………… 161
- ◆改正により変更となる点 ………………………………… 162
- ◆解　　説 ……………………………………………………… 163
- ◆経過措置 ……………………………………………………… 163
- ◆事務手続の変更点／規定・様式等の変更点 …………… 163

第3章　第三者からの弁済と代位 ………………………… 165
- ◆改正により変更となる点 ………………………………… 166

1　第三者からの弁済 …………………………………………… 167
- ◆解　　説 ……………………………………………………… 167
- ◆経過措置 ……………………………………………………… 169
- ◆事務手続の変更点 …………………………………………… 169
- ◆規定・様式等の変更点 ……………………………………… 171

2　第三者からの弁済に伴う代位 …………………………… 172
- ◆解　　説 ……………………………………………………… 172
- ◆経過措置 ……………………………………………………… 173
- ◆事務手続の変更点 …………………………………………… 173
- ◆規定・様式等の変更点 ……………………………………… 174

第4章　担保保存義務 …… 177
- ◆改正により変更となる点 …… 178
- ◆解　　説 …… 179
- ◆経過措置 …… 180
- ◆事務手続の変更点 …… 180
- ◆規定・様式等の変更点 …… 180

第5章　時効の管理 …… 181
- ◆改正により変更となる点 …… 182

1　消滅時効の時効期間 …… 183
- ◆解　　説 …… 183
- ◆経過措置 …… 183
- ◆事務手続の変更点 …… 184
- ◆規定・様式等の変更点 …… 185

2　完成猶予、時効の更新 …… 186
- ◆解　　説 …… 186
- ◆経過措置 …… 190
  - (1) 時効期間について …… 190
  - (2) 時効の中断、停止、時効の完成猶予、更新の適用について …… 191
- ◆事務手続の変更点 …… 191
  - (1) 営業部店の実務 …… 191
  - (2) 債権管理担当部署の実務 …… 192
- ◆規定・様式等の変更点 …… 192

3　時効に関する個別問題 …… 196
- (1) 一部入金と時効の更新 …… 196
- (2) 保証人と時効の完成猶予、更新 …… 196
- (3) 強制執行等による時効の完成猶予と更新 …… 197
- (4) 競売手続等への参加 …… 198

第1部 預金関係

第1章
預金口座の開設（預金取引の開始）

改正により変更となる点

　預金口座の開設（預金取引の開始）の項目では、寄託契約を要物契約としていた民法657条が改正され寄託契約が諾成契約とされた点と契約約款についての規律が「定型約款」の規定（改正民法548条の2～548条の4）として盛り込まれたことが大きな変更点となります。

　従来の金融法務では、預金契約は金銭消費寄託契約であり、寄託契約は民法の規定によって要物契約となるから、預金契約の成立には金銭の受渡しが必要となるという法的構成が一般的でした。民法が寄託契約を諾成契約と規定したことからこの点について見直しが求められると思います。

　また、預金規定を定型約款について定めた民法の規定に適合するように修正する必要が生じるでしょう。なお、預金規定の様式の変更案は第1部第5章にまとめて解説します。

1 預金契約の法的性質

解　説

(1) 金銭消費寄託契約（預金契約の法的性格）

a 物を預かる契約を「寄託契約」（改正民法657条、現行民法657条）といいます。預金契約も金銭を預かることを目的とした契約ですから寄託契約に含まれますが、預かった金銭を金融機関が自己の所有物として消費することができ返還する際は同種同量の物を返還すればよいという性質をもつ寄託契約となります。このような寄託契約を「消費寄託契約」といいます（改正民法666条、現行民法666条）。

b 預金契約（＝金銭消費寄託契約）は、現行民法では「物を受け取ることによって、その効力を生ずる」（現行民法657条）とされていたことから要物契約であるとされてきました。しかし、改正民法では「寄託は、当事者の一方がある物を保管することを相手方に委託し、相手方がこれを承諾することによって、その効力を生ずる」（改正民法657条）と規定し、要物契約でなく諾成契約として規定されました。この結果、預金契約を要物契約であると構成する根拠はなくなったといえるでしょう。従来は、預金契約を要物契約としていたため入金前の口座開設や残高のない預金口座の法的な整理があいまいにされていましたが、預金契約を諾成契約と理解することにより入金前であっても口座開設により預金契約が成立していると考えることができ、契約関係が明確に整理できるようになるでしょう。

(2) 諾成契約としての預金契約の再構成

預金契約を諾成契約として再構成すると、その内容はおおむね次のとお

りとなります。

　預金の口座開設は、諾成的金銭消費寄託契約を中心とする各種の委任契約等を含んだ複合契約（預金取引契約）の成立と考え、窓口での現金の入金は寄託物である現金の「受渡し」と考えることになります。その結果、口座開設と同時に現金等の入金が必要という考え方は当てはまらなくなります。

　さらに、「金銭の受渡し」は、従来の要物契約と考える場合には金銭消費寄託契約としての預金契約の成立要件とされていましたが、これを諾成契約と考えた場合には預金契約のなかで行われる事実行為あるいは準法律行為にとどまることになります。従来は「預金の成立は預金受入権限を有する者が預金者の預金契約の申込みに対し承認の意思表示を行うとともに現金の受領を確認した時点に成立する」と説明されていましたが、今後は「すでに成立している預金契約にもとづき金融機関が預金の寄託物として金銭を受け入れること」と整理することになり、現金等の入金は単に金融機関が金銭を預金として受け取れば足りることになります。

　その結果、窓口でテラーが現金を確認して受け取った時点、渉外担当者が訪問先で現金を確認して受け取った時点で預金の受入れがあったと考えることになるでしょう。このような理解のほうが、従来の考え方よりも金融機関の実務のやり方や利用者の感覚に自然となじむのではないかと思います。

　さらに、現金自動受払機（ATM）による入金の法的な考え方も簡明になると思います。預金契約を要物契約と考えていた従来の考え方のもとでは、ATMによる入金は預金契約の予約完結権行使の意思表示と金銭の引渡しであると私は理解していました。これに対し、預金契約を諾成契約と理解する考え方では、ATMによる現金の受渡しを金銭消費寄託契約である預金契約にもとづき寄託物である現金の授受を行っていると理解すればよく、説明は大変簡明になると思います。

経過措置

　寄託契約の条項に関する経過措置は、改正民法の附則に定めはありません。もっとも、現行民法下でも諾成的金銭消費寄託契約の効果が否定されていたわけではなく、現在の取引実態を検討すれば諾成的金銭消費寄託契約として説明したほうが通常の理解に近い結論が得られると思われますから、この点は改正民法の施行前に改正民法の規定を先取りして預金契約を諾成契約であるとして規定等を組み替えていくことが適当だと思います。

事務手続の変更点

　この点は預金取引契約の法的な性格に関する議論であり、金融法務のテキストや業務検定試験のための学習では重要な改正ポイントとなりますが、現在用いられている事務手続については預金契約を諾成契約であると考えても矛盾する内容はないので、事務手続を改正する必要はないと思います。
　ただし、口座開設の際に現金等の入金を要件としている事務手続（いまはほとんどないと思いますが）は、口座開設の際に現金等の入金の必要はないと変更しなければなりません。

規定・様式等の変更点

　預金契約の性質を要物契約から諾成契約に変更することによって規定等の文言に若干の修正が必要になりますが、大きく変更となる点はありません。なお、預金規定の変更案は第1部第5章でまとめて解説します。

2 「定型約款」としての預金規定

解　説

(1) 預金規定の位置づけ

　預金取引契約は、「金銭消費寄託契約」の法的性格をもつ預金契約を中心に振込金の入金の委任など関連する契約などが複合して成り立っている契約です（本書では、預金取引契約の中核をなす金銭消費寄託契約のことを「預金契約」といい、預金取引の全体を構成する預金契約を中心とする複合的な契約全体を「預金取引契約」といいます）。

　ところで、預金取引の実務では「預金取引約定書」などの契約書を預金者と金融機関で取り交わすことはありません。そのような契約書にかわるものとして金融機関が定めた預金規定等の規定類を記載した冊子などを預金者に交付して契約としています。このような取引方法（契約方法）を約款取引と呼んでいます。

　これまで約款取引については民法に規定はなく解釈でその有効性や効果が検討されていましたが、今回の改正で「定型約款」という項目（第3編「債権」第2章「契約」第1節「総則」第5款「定型約款」548条の2～548条の4）が新たに設けられ、法律関係が明確に規定されました。これにより法定の要件を満たす定型約款については、定型約款の個別の条項について仮に利用者が十分に認識していなかったとしても「合意したものとみなす」とする効果が付与されることとなりました。預金取引に関する規定である各種の預金規定、手形用法、小切手用法、カード規定などはいずれも約款取引に用いられる約款ですが、これらについてはこの「みなし合意」の適用を受けられるように、改正民法の「定型約款」の規定に適合するように

見直す必要があります。

(2) 「みなし合意」の要件に適合させるための預金規定の整備

a 改正民法は、定型約款についての規定で、「定型取引」を「ある特定の者が不特定多数の者を相手方として行う取引であって、その内容の全部又は一部が画一的であることがその双方にとって合理的なものをいう」と定義し（改正民法548条の2第1項柱書）、「定型約款」を「定型取引において、契約の内容とすることを目的としてその特定の者により準備された条項の総体をいう」と定義しています（同条1項柱書）。この定義を現在の金融業務に当てはめると、預金取引や為替取引はほとんど「定型取引」に該当しそれらに用いる規定類はすべて「定型約款」に該当すると考えられます。

また、定型約款による契約について、定型約款の個別の条項について仮に利用者が十分に認識していなかったとしても「合意したものとみなす」とされるためには、次のいずれかの条件を満たすことが求められます（同条同項1号、2号）。なお、これらの合意や表示は書面をもって行うことは求められていません。

① 定型約款を契約の内容とする旨の合意をしたとき。
② 定型約款を準備した者があらかじめその定型約款を契約の内容とする旨を相手方に表示していたとき。

これを現在の預金取引の実務に当てはめると、預金取引の場合には取引開始にあたって、商品内容の概要と預金規定の主要部分の説明をしたうえで預金規定に従って取引を行う旨を金融機関から説明して口座を開設しており、上述の民法の定める要件を満たしていると考えられます。

また、定型約款の内容を相手方に開示する義務が定められており、相手方からの請求に応じて内容の開示を行うか定型約款を記載した書面をあら

かじめ交付するなどの対応が求められています（改正民法548条の３第１項）。これも、現状の窓口実務では預金規定等を収録した規定集を交付するのが通常の実務ですから、現状でも改正民法の要求する対応はとられていると考えられます。

　もっとも、それらの事項を履行したことを記録として残すために、口座開設者から提出を受ける口座開設書には、定型約款により契約することを明記し定型約款を収録した冊子（規定集）の交付を受けた旨の確認文言を記載するなどの工夫はすべきでしょう。

b　定型約款による契約において注意を要するのが、「みなし合意除外規定」と呼ばれる規定（改正民法548条の２第２項）です。この規定に抵触した定型約款の条項は同条１項による「みなし合意」から除外され契約としての効力をもたないことになります。同条に定められているみなし合意から除外される条件は、次のいずれにも該当する場合です。

①　利用者の権利を制限し、または利用者の義務を加重する条項であること。

②　その取引の態様および実情ならびに取引上の社会通念に照らして民法１条２項に規定する趣旨（いわゆる「信義則」）に反して相手方の利益を一方的に害すると認められること。

　現在の金融機関の実務では、社会通念や取引上の慣行に照らして利用者に加重な義務を課したり信義則に反したりするような取扱いは行っていません。しかし、諸規定の文言には従来からの規定内容を踏襲して用いてきた経緯などもあって利用者にとって厳しい文言が残されている部分も多くあります。

　従来の実務では、そのような利用者にとって厳しい内容の条項も一応有効であるという前提に立ちつつ、実際に運用する際に利用者の実情に配慮しながら対応するということが行われていました。条項の文言をそのまま

適用すると信義則に反しかねないが、利用者の事情に配慮した運用を行っている範囲で信義則に反していないとされている条項もあります。これらの条項が文言どおりに理解された結果、改正民法に定めるみなし合意の適用除外の要件に該当してその条項がまったく効力をもたないとされると、実務に支障が生じる可能性があるように思います。

たとえば、利用者が制限行為能力者となった場合にその届出を怠った際の金融機関の免責条項や印鑑照合等にかかる免責条項などは判例でその有効性は確認されているとはいえ、その認められた効果と文言に差があり契約上の効力を維持するには文言の工夫が必要になるのではないかと思います。

c さらに、定型約款の変更について、一定の要件を満たす変更については個別に合意を得ることなく行うことができることも規定されました（改正民法548条の4）。この点は現状の実務でも議論のあった点ですが今回の民法改正で立法的に解決されることになりました。

改正民法に規定された変更内容の要件は、変更の内容が相手方の一般の利益に適合する場合（同条1項1号）か変更の内容が契約の目的に反せず、変更の必要性、変更後の内容の相当性、民法の定めにより定型約款の変更をすることがある旨の定めの有無およびその内容その他の変更にかかる事情に照らして合理的なものである場合（同条同項2号）、のいずれかの場合とされました。

また、その場合の手続として、定型約款の変更の効力発生時期を定め、定型約款を変更する旨およびその内容、効力発生時期をインターネットその他の適切な方法で、効力発生時期までに周知することによって行うこととされました（同条2項、3項）。

現在用いられている預金規定等には規定内容の変更についての条項をもっているものが多いと思いますが、その内容について改正民法の規定に合致する内容に修正し、また規定内容の変更の事務手続も整備する必要が

あります。

経過措置

(1) 定型約款に関する改正にかかる経過措置

　定型約款に関する改正については改正民法の附則33条1項により施行日前に締結された定型取引にかかる契約にも適用するとされています。一方で、同項ただし書きには現行民法の規定によって生じた効力を妨げないとしています。この経過措置を受けて、現行の預金規定等を現在の解釈等で認められている変更手続によって改正民法に定める定型約款の条項に適合するように改訂していくことが必要となります。

(2) 預金規定等の具体的な改訂手順

　経過措置に「旧法の規定によって生じた効力を妨げない」とありますから、預金規定等の改訂は従前の規定に定められた規定内容変更の手続により個々の利用者の合意を得ることなく行うこととなります。その際に注意が必要なのは、改正民法施行前であっても改正民法の考え方は規定内容の解釈に影響を与える可能性があるので、変更に際しては預金規定等に定められた手続に加え改正民法548条の4の定めにも適合する手続となるようにすべきでしょう。

　もっとも、規定の変更内容は改正民法が定める要件に適合するようにするものですから、同条1項1号または2号に定められた変更内容に関する要件は満たすと考えてよいでしょう。したがって、ここで注意すべき点は同条2項および3項に規定された内容変更の周知の手続に関する点だけだといえます。その際に預金規定等にもともと規定されていた内容変更の手続と改正民法に定める内容変更の手続のいずれも満たすように工夫するこ

とが必要となります。

(3) 規定変更の時期

定型約款に関する規定は施行日前に締結された契約にも適用されることとされています（改正民法附則33条1項）。したがって、金融機関としては定型約款に適合する規定類の準備ができ次第順次、規定変更の手続を行い新様式の預金規定等を用いるようにすべきでしょう。

事務手続の変更点

規定等の様式の変更であり実際の実務に大きな影響はなく事務手続の変更の必要はないでしょう。

規定・様式等の変更点

第1部第5章でまとめて解説します。

第 2 章

預金取引の成立

改正により変更となる点

　預金取引契約の中核をなす預金契約は金銭消費寄託契約に該当するとされています。金銭消費寄託契約は従来の民法では要物契約とされていましたが（現行民法657条）、改正民法では諾成契約として規定されました（改正民法657条）。

　この結果、口座開設や資金の入金などの法的な意味が従来の説明と大きく異なることになります。特に従来「預金の成立」の問題として議論されていた「入金」の意義などの議論も修正を要することになるでしょう。また、預金成立時期の議論も同様です。もっとも、事務手続や窓口の実務については、それらの法的な性質にかかわらず堅確な実務処理を行っていますから、口座開設の部分では従来の内容を変更する必要はないでしょう。また、預金規定に関しても預金受入れに関する部分では変更の必要はありません。

　一方、預金解約に関する部分では、改正民法に入金前の契約解除の規定が盛り込まれたことを受けて、金融機関から行う預金解約の事務手続について整備する必要があるでしょう。あわせて、預金規定についても口座解約の規定を整備する必要があるでしょう。

1 口座開設

解　説

(1) 口座開設の法的な意味

　これまでは預金契約は現行民法657条に定める金銭消費寄託契約に該当し同条の規定により契約成立の要件として現金の受入れや受け入れた証券類の取立て、振込入金など寄託物である金銭の授受を必要とする要物契約とされていました。そのため、口座開設は金銭の授受と同時でなければできないという事務手続を定めている金融機関もありました。今日では入金がなくても口座開設を認める金融機関がほとんどだろうと思います。一方で「口座の開設」という処理の法的な性質については金融実務の立場からは十分な分析がされてはいなかったのが実情でした（同様に残高のない預金口座についても法的な検討は不十分でした）。

　今回の民法改正で現行民法657条も改正され、寄託契約は諾成契約とされました。これにより金銭消費寄託契約である預金契約を要物契約と理解する根拠を失いました。また、金銭消費寄託契約である預金契約を諾成契約と解することで「口座の開設」自体を預金契約の成立と理解し、また残高のない預金口座も金銭消費寄託契約が継続している状態と整理することができるようになりました。

　これにより預金の入金の法的な意味や預金の成立についても従来と変わることになります。従来は預金の入金は預金契約の締結の要件とされ預金契約締結の意思表示とともになされることを要するという理解が基礎にありました。そのため、預金の成立は預金契約の締結権限者が預金入金を確認した時点で成立するとされていました。しかし、預金契約を諾成契約と

整理することにより、金銭の授受は契約の合意とは切り離された預金契約にもとづく事実行為あるいは準法律行為と理解すればよくなり、預金としての金銭の受領（預金債権の発生）は金融機関において金銭授受の権限を有する者が金銭を収受することで十分とされるでしょう。具体的には窓口のテラーが預金として現金を収受したときや渉外担当者が渉外先で現金を預かったときに預金債権が生じることとされると思います。

　もっとも、これによって金銭等の受入れの重要性が変わることはありません。また、証券類の取立て、振込入金、振替決済による入金など現金の収受以外の形態の入金の場合の預金債権の成立（預金の受入れ）については、従来の考え方と変わらないと思います。

(2) 入金前の口座解約

　改正民法では寄託物の受入れ前の寄託契約の解除について、寄託者はいつでも契約の解除ができる（改正民法657条の2第1項）と定めています。この点は、現状でも口座解約は利用者の任意（定期預金の解約等預金返還に期限の定めがある場合を除く）と考えていたので、現在の預金実務と変わる点はありません。

　一方、改正民法は受寄者（預金の場合は金融機関）からの解約について、「無報酬の受寄者は、寄託物を受け取るまで、契約の解除をすることができる。ただし、書面による寄託については、この限りでない」（改正民法657条の2第2項）と定め、また同項の要件を満たさない場合（書面による寄託または有償の寄託の場合）でも同条3項により寄託物を受け取るべき時期を経過しても寄託物の引渡しがない場合には、相当の期間を定めて引渡しを催告しその期間内に引渡しがない場合には受寄者から契約を解除することができるとしています。

　金融機関の預金取引については、寄託物である金銭の運用が予定されておりその間の運用利益と寄託者に支払う利息の差額が報酬と考えることが

できるので、無報酬ということは困難です。また、定型約款による契約であっても書面による契約ということができるでしょう。したがって、同条2項による契約の解除はむずかしいですが同条3項の規定にもとづく解除は可能です。

現在の預金規定でも一定期間入金がない口座等に関しての解約の規定が設けられていますが、この規定は預金口座にいったん入金がなされた後に全額払い戻されて残高がなくなった口座についての解約を想定したものですから、口座開設後一度も入金がなかった口座の解約について明確に定めた規定はありませんでした。そのため口座開設後まったく入金がない口座について解約を行ってよいか悩む場面もありました。今回の民法改正により入金前の解約について明文で規定されたことによりこの問題が解決したことになります。なお、口座解約に関しては預金規定に詳細に規定されていることから、今後は預金規定に改正民法の規定に沿った口座開設後一定期間入金のない口座の解約の規定を加える必要があるでしょう。

経過措置

改正民法の附則には、寄託契約の条項に関する経過措置の定めはありません。もっとも、改正前の民法のもとでも諾成的金銭消費寄託契約が無効とされることはなかったので、改正民法の施行前に改正民法に合わせて預金契約を諾成的金銭消費寄託契約として整理した預金規定や事務手続を整備して利用を開始するべきでしょう。

事務手続の変更点

(1) 口座開設申込書・印鑑届

　一般的な事務手続では、口座開設時に印鑑届・口座開設申込書等の提出を求めて取引時確認にかかる確認事項等も含めた諸事項の届出を受けたり事情表明等を受けたりする扱いとなっています。今回の民法改正ではそのような事務手続を変更する必要はありません。ただ、預金規定等を収録した冊子（規定集）の交付を受け定型約款である預金規定を契約内容とする預金取引契約を行う旨を表明する文言を付加して、定型取引合意（改正民法548条の2第1項柱書参照）がなされた旨を明確にしておくべきでしょう。

(2) 入金前の口座解約

　入金前の口座解約の関係では、これまで該当する事務手続がない金融機関が多いと思います。入金前の口座解約の事務手続がない金融機関は新たに設ける必要があるでしょう。入金前の口座解約の事務手続を新設するうえで検討を要する事項は、改正民法657条の2第3項の「寄託物を受け取るべき時期」を口座開設後どの程度の期間とするか、通知を行ってから解約までの「相当の期間」をどの程度とするか、という点でしょう。前者は預金規定に明記すべきですがおおむね1カ月程度、後者は通知が到達してから口座開設者が金融機関に連絡をするのに要する期間となりますからおおむね2週間程度とするのが一般的だろうと思います。

　なお、入金前の口座解約の事務手続は次のような内容とすればよいでしょう。

[事務手続例]

> **入金のない預金口座の解約**
> 　口座開設後1カ月経過しても入金がない場合は、預金者に通知し、その回答状況により次のとおり対応する。
> ①　届出の住所等に通知を行っても通知が到達しない場合
> 　　通知に記載された解約時期以降すみやかに口座を解約する。
> ②　通知が到達したが回答がない場合
> 　　通知に記載された解約時期以降すみやかに口座を解約する。
> ③　通知に対し入金の予定がない旨回答があった場合
> 　　通知に記載された解約時期以降すみやかに口座を解約する。
> ④　通知に対し入金する予定である旨回答があった場合
> 　　口座をそのまま継続し、入金予定日まで解約を留保する。なお、その時点で入金がない場合には再度この事務手続による口座解約の手続を行う。

規定・様式等の変更点

　口座開設時に提出を受ける口座開設申込書または印鑑届に定型取引合意等の文言を付加することが必要になるでしょう。具体的には、口座開設申込書等に「金融機関が別に定めた○○預金規定を契約内容とする○○預金口座の開設を申し込みます」「○○預金規定が収録された規定集を受け取りました」等の文言を付加することになるでしょう。なお、この点で預金規定の変更の必要はないでしょう。

　また、現在の預金規定には、睡眠口座の解約や不適切な利用がなされた預金口座の解約等についての規定はありますが、口座開設後入金前の預金口座の解約については規定がありません。そこで、睡眠口座の取扱いなども含めて金融機関からする口座解約について、各場合を整理して規定する必要があるでしょう。なお、具体的な規定の改訂例は第1部第5章で解説します。

2 現金の受入れ

解説

(1) 現金の受入れの位置づけ

　従来は、預金契約は現金の受入れにより成立するとされていました。そのため預金契約の成立時期がどの時点になるかという意味で現金の受入れ時期が問題とされてきました。しかし、改正民法では消費寄託契約は諾成契約とされたことから、現金の受入れは預金債務の発生要件にとどまることになりました。その結果、「窓口一寸事件」（大判大正12.11.20法律新聞2226号4頁）の原審の判断のように、預金は成立していないが金融機関との間に別の寄託契約が成立していることから金融機関は返還義務を負う等の法的理解をする必要がなく、預金契約の利用者から金融機関に現金が引き渡されれば直ちに預金契約にもとづく返還義務が発生すると考えればよいことになります。

　なお、従来は預金契約の成立時期は利息の計算の始期でなければならないとする考え方もありましたが、これは利息計算事務に引きずられた考え方で妥当とはいえないでしょう。今日では約定に定めた時点を始期と終期として利息を計算するという理解が一般的でしょう。なお、改正民法666条により消費寄託に準用される消費貸借の規定のなかに「利息の計算始期」を「金銭を受け取った日以後」と定めた改正民法589条2項は含まれていません。

(2) 預金受入れ権限と現金の受入れ

　従来、預金契約は預金契約を締結する権限と預金として現金等の受渡し

をする権限を有している者が現金の引渡しを受けたときに成立するとされていました。

　しかし、預金契約が要物契約でなく金銭等の受入れが契約成立の要件とされなくなったことから、預金契約を行う権限と関係なく単に現金等を受け入れる権限を有している者が現金を受領すれば預金債権の発生としては十分ということになります。

　もっとも、現在の実務では金融機関の職員が顧客から預金入金を依頼されて現金を預かった場合、その職員の権限にかかわらずその職員が預かった時点で預金が成立している（あるいは成立しているのと同様の義務を負う）として取り扱っているので、実務に大きな変更は生じないだろうと思います。

経過措置

　実務上特に変更すべき点はないので、改正にかかる経過措置に特に留意する事項はありません。

事務手続の変更点／規定・様式等の変更点

　現金の受入れに関しては事務手続、規定・様式等に特に変更すべき点はありません。

3 振込による預金への入金

解　説

　振込による預金への入金自体に関しては今回の民法改正で影響を受ける内容はありません。

　しかし、振込による預金入金について債務の弁済との関係で「債権者の預金又は貯金の口座に対する払込みによってする弁済は、債権者がその預金又は貯金に係る債権の債務者に対してその払込みに係る金額の払戻しを請求する権利を取得した時に、その効力を生ずる」（改正民法477条）と規定されました。これにより振込による弁済が法律上位置づけられたことになります。この点については、預金の金融法務の分野で触れておかなければならない事項だと思います。

　また、この結果、振込を依頼した者から金融機関に対し、債権者の預金口座等に入金され債権者が振り込んだ金額の払戻請求権を取得したことの証明を求める場合が生じるように思います。これに対し金融機関がどのように応じるのか、今後金融業界で検討することになると思います。

　この証明については、振込を仕向けられた金融機関店舗に振込依頼者が直接証明を依頼する仕組みと振込依頼者が振込を依頼した金融機関店舗に依頼し同店舗から振込を仕向けられた店舗に証明を依頼し、それに応じて同店舗が入金を証明する仕組みの二通りが考えられます。前者の方法だと、振込を仕向けられた店舗では振込依頼者の本人確認が困難だと思います。一方、後者だと金融機関相互の協力関係が不可欠となります。そのため、そのような仕組みを、内国為替制度のなかに新設する方法と金融機関同士の取決めで相互に協力する仕組みを設ける方法とがあるように思います。今後検討されることになると思います。

経過措置

　振込による預金入金の実務には変更点はないので経過措置も考慮する必要はありません。また、振込による預金入金の事実の証明の事務については他の金融機関と協調して対応すべき事項であり、独自に対応できる事項ではないので金融業界の動向に従って対応することになるでしょう。もっとも、改正民法施行後になると振込依頼人から振込により預金者の口座に入金され預金者が預金払戻しの権利を得た旨の証明を求めてくる場面が想定されます。業界で対応策が決まっていない場合には、独自の対応方法を検討しておく必要はあるかもしれません。

事務手続の変更点

　振込による預金入金については実務に変更すべき点はなく事務手続も変更の必要はありません。また、「払込みに係る金額の払戻しを請求する権利を取得した時」の証明に関しては、内国為替制度に手続が定められたり金融機関の業界で統一した対応が求められるようになったりした段階で事務手続を整備することになるでしょう。それまでは、個別に異例対応として取り扱うことになるでしょう。

規定・様式等の変更点

　特にありません。

第 3 章

預金の払戻し

改正により変更となる点

　預金の払戻しの関係では、払戻期限前の払戻しについて消費寄託契約の特則（消費貸借契約の準用）の規定のなかで預金取引契約に限定して適用される規定が設けられました（改正民法666条3項）。

　また、払戻権限のない者からの預金払戻請求と金融機関の免責に関して、「債権の準占有者への弁済」という用語から「受領権者としての外観を有するものに対する弁済」と改められ、規定内容も整理されました（改正民法478条）。

　これらの改正は金融機関の実務に大きな変更を加えるものではありませんが、テキスト等の解説内容や用語の見直しなどが必要となります。

1 金融機関からする預金の払戻し

解　説

　預金者は、預金規定の約定内容に従って預けた預金の払戻しを受けることができます。これを金融機関の側からみると、金融機関は預金規定の約定内容に従って預金を払い戻す義務を負担しているということになります。もちろんこの原則は今回の民法改正でも変わることはありません。

　ただ、今回の民法改正では消費寄託契約（預金契約もこれに該当します）にかかる消費貸借契約の規定の準用（改正民法666条）のなかで、預金取引契約に限定して準用される規定が定められました。その内容は次のとおりです。

> **民法666条3項**　第591条第2項及び第3項の規定は、預金又は貯金に係る契約により金銭を寄託した場合について準用する。
>
> （参考）　民法591条
> 2項　借主は、返還の時期の定めの有無にかかわらず、いつでも返還をすることができる。
> 3項　当事者が返還の時期を定めた場合において、貸主は、借主がその時期の前に返還したことによって損害を受けたときは、借主に対し、その賠償を請求することができる。
> 　（注）　準用に際しては、591条2項、3項の条文中の「借主」は「受寄者（金融機関）」、「貸主」は「寄託者（預金者）」と読み替えることになります。

　この規定は、預金については返還の期限の定めの有無にかかわらず金融機関の側からいつでも払い戻すことができるという原則（改正民法591条2項の準用）と返還の期限が定められていた場合には金融機関から期限前に返還されたことにより預金者に生じた損害の賠償を金融機関に請求できる

こと(同条3項の準用)を明確に規定したものです。この改正民法の規定内容は従来の金融機関の実務の考え方や取扱いをそのまま条文化したもので、金融機関の実務に与える影響はありません。

ただ、その取扱いの根拠について、従来は現行民法666条1項により準用する591条2項の規定から金融機関は預金の期限の定めの有無にかかわらずいつでも払い戻すことができると理解し、その場合の預金者からの損害賠償請求については定期預金等の満期の定めを金融機関に与えられた期限の利益と考えて現行民法136条を適用し、同条2項により債権者(=預金者)の利益を害することはできないとする規定から導き出すという整理をしていましたが、改正後は改正民法591条3項の規定から直接導き出すことができ簡明となりました。

経過措置

根拠規定や用語の変更にとどまり実務の取扱いに影響はないので、事務手続や研修資料等の解説や用語の改訂、検定試験の問題作成の際に注意するほかには特に対応の必要はありません。

事務手続の変更点

上述した根拠規定や用語の修正が必要となるほかには、特に修正の必要はありません。

規定・様式等の変更点

特にありません。

2 預金者でない者に対する預金払戻しの効力

解 説

a 預金者でない者（預金の払戻権限のない者）を預金者（預金払戻権限がある者）と金融機関が誤認して預金払戻しに応じた場合の金融機関の責任については、従来は預金規定の「免責条項」と現行民法478条の「債権の準占有者への弁済」の規定によって規律されていました。この点に関しては、「債権の準占有者」という用語がわかりにくいということで、同条の表題を「受領権者としての外観を有する者に対する弁済」と改め、条文も「受領権者（債権者及び法令の規定又は当事者の意思表示によって弁済を受領する権限を付与された第三者をいう。以下同じ。）以外の者であって取引上の社会通念に照らして受領権者としての外観を有するものに対してした弁済は、その弁済をした者が善意であり、かつ、過失がなかったときに限り、その効力を有する」と改正されました。

今回の改正により、これまで金融機関が預金払戻し時に通常行っていた預金払戻権限の確認の実務の取扱いは、改正民法の条文中の「取引上の社会通念に照らして受領権者としての外観を有するもの」であることの確認の実務として位置づけられることになります。預金規定上の免責条項の内容は民法の規定を預金払戻しの場合に当てはめて注意的に規定したものであることが明らかになったといえるでしょう。

これまでも、預金規定の免責条項と民法の債権の準占有者への弁済の規定の関係について判例は、「（預金規定の）免責条項も、民法478条の定める債権の準占有者に対する弁済の一場合を注意的に規定したものにすぎず、銀行が免責されるには、民法478条に規定された場合と同様、銀行が払戻請求を行った者が正当な権利者であると信じたことに過失がなかった

ことを要する」(東京高判平成9．9．18判タ984号188頁)としていましたが、金融実務における理解は必ずしも明確ではなく、預金規定の免責条項を現行民法478条の特則と解説するものや預金規定の免責条項が印鑑照合の際の金融機関の注意義務について定めていることから印鑑照合の注意義務と預金払戻しの際の注意義務とを混同して解説するものもありました。今回の改正民法の条文により、預金規定の免責条項の位置づけをこれまでのように誤解することは少なくなると思います。

　一方、民法の規定に「取引上の社会通念に照らして」とあるように金融機関の取扱いは取引上の社会通念を満足することが求められることになります。金融機関が窓口で通常行っている実務は「取引上の社会通念」に沿うものだといえますが、現在の預金規定の免責条項等の規定がこれを満足する内容になっているかの検証は必要だと思います。さらに、条項の検証に際しては預金規定が定型約款であることから、預金者の利益を一方的に損なう内容のものとなってはなりません。現在の免責条項は、「払戻請求書に使用された印影を届出の印鑑と相当の注意をもって照合し、相違ないものと認めて取扱いましたうえは、それらの書類につき偽造、変造その他の事故があってもそのために生じた損害について当金融機関は責任を負いません」となっています。この文言を文字どおりの意味で理解すると、改正民法の条文に比して預金者の利益を一方的に損なう文言とされ、定型約款のみなし合意の適用除外要件に合致するとされる可能性があると思います。取引の実情や金融機関の実務に合わせて改訂が必要だと思います。

b　また、今回の改正により「債権の準占有者」から「受領権者としての外観を有するもの」に条文の文言が変わりました。これまでの文言では、現行民法478条が債権者の代理人と称して弁済を求めた場合に適用があるのかという点が明確ではありませんでした(判例はこれを認めています。最判昭和37．8．21金法334号11頁参照)。今回、改正民法478条の文言が「受領権者としての外観を有するもの」と改正されたことにより、預金者の代理

人と称する者に対する払戻しについても適用されることが明確となりました。

経過措置

　根拠規定や用語の変更にとどまり実務の取扱いに影響はないので、事務手続や研修資料等の解説や用語の改訂、社内の試験問題等の作成の際に注意するほかには特に対応の必要はなく、経過措置についても注意すべき点はありません。

事務手続の変更点

　解説であげられた根拠規定や用語の修正が必要となるほかには特に修正の必要はありません。

規定・様式等の変更点

　本文中に解説した観点から規定の改訂が必要となります。なお、預金規定の改訂案については第1部第5章でまとめて解説します。

第 4 章

預金の譲渡制限について

改正により変更となる点

　今回の改正で債権の譲渡制限に関する条文が改正されました（現行民法466条の改正および改正民法466条の2から466条の6の新設）が、預金債権の譲渡制限については従来の民法の条文と同内容の特則（改正民法466条の5）が設けられたため、預金債権については従来の条文内容とまったく変わらないこととなりました。

　なお、預金取引契約には、金銭債権である預金債権（預金の元金返還請求権と利息支払請求権）のほかに預金取引契約に付随するその他の債権（通帳記帳請求権、取引履歴開示請求権など）が含まれますが、改正民法466条の5に定める特則は金銭債権である預金債権のみに適用され、預金取引契約から生じるその他の債権には適用されないことに注意が必要です。

　また、改正民法466条の5の規定は定期積金債権にも適用されると考えてよいでしょう（山野目章夫『新しい債権法を読み解く』131頁）。

解　説

(1) 債権の譲渡制限の規定の改正と預金債権の取扱い

　従来の民法では債権の譲渡制限について、債権は原則譲渡可能とし（現行民法466条1項）、当事者が反対の意思表示（譲渡制限の合意）をした場合には譲渡できない、ただし、そのことを知らない第三者には対抗できない（同条2項）という規定内容となっていました。

　改正民法では、債権の譲渡は原則可能とした点は従来と変わりませんが（改正民法466条1項）、債権譲渡を禁止または制限する合意がある場合でも譲渡の当事者（債権の譲渡人と譲受人）の間では譲渡は有効とし（同条2項）、ただ債務者は譲受人からの履行請求を拒める場合があるという仕組みに変えました（同条3項）。

　もっとも、預金債権については特則を設け、預金債権についてなされた譲渡制限は悪意または知らなかったことについて重大な過失のある第三者に対抗できるとし（改正民法466条の5第1項）、従来の民法の規定内容をほぼ踏襲する規定内容としました。この考え方は「民法466条2項は債権の譲渡を禁止する特約は善意の第三者に対抗することができない旨規定し、その文言上は第三者の過失の有無を問わないかのようであるが、重大な過失は悪意と同様に取り扱うべきものである」とした判例（最判昭和48．7．19金法693号24頁）の内容とも一致します。

　さらに、この判例は「銀行を債務者とする各種の預金債権については一般に譲渡禁止の特約が付されて預金証書等にその旨が記載されており、また預金の種類によっては、明示の特約がなくとも、その性質上黙示の特約があるものと解されていることは、ひろく知られているところであつて、このことは少なくとも銀行取引につき経験のある者にとつては周知の事柄に属するというべきである」として、預金債権の譲渡禁止特約について知

らなかったと主張する譲受人に重大な過失があることを示唆しています。これらの判例により従来から預金債権の譲渡制限は事実上対世的効力を有すると考えられていましたが、今後も同様と考えてよいでしょう。

また、改正民法466条の5第1項の条文では「預金口座又は貯金口座に係る預金又は貯金に係る債権」を「預貯金債権」と呼んでいますが、この条文の対象となるのは預貯金取引から発生する各種債権のうちの預貯金の債権（寄託した金銭の返還請求権およびそれに付随する利息等の金銭債権）に限定されることを示しています。預金規定の譲渡制限の規定をみると、「預金、預金契約上の地位その他この取引にかかるいっさいの権利および通帳」の譲渡を禁止する内容となっていますが、このなかでこの条文の対象となるのは「預金」のみということになります。他の債権（たとえば、取引履歴開示請求権など）については一般の債権として改正民法466条が適用となり譲渡自体は譲渡人・譲受人間で有効に行いうるが債務者である金融機関は履行を拒むことができるということになります（上述の判例の趣旨から譲渡制限が付されていることについて善意無重過失の者はいないと考えてよいでしょう）。また、契約上の地位の譲渡については改正民法539条の2以下の契約上の地位の移転に関する規律が適用となり金融機関の承諾なく移転することはできないということになります。

なお、預金規定上の「預金」という用語は預金にかかる債権（預金債権）を指していると思われますが、民法の用語例に従い「預金にかかる債権」または「預金債権」という用語に改めるべきでしょう。

(2) 譲渡性預金について

譲渡性預金の預金規定には、譲渡を禁止する条項がないかわりに譲渡に関する手続等を定めた規定が置かれています。そのなかで、「この預金は、利息（未払の中間払利息を含みます）とともにのみ譲渡することができます。その元利金の一部を譲渡することはできません」と規定し、この預

金が譲渡できることと元金と利息を別々に譲渡することや元金や利息の一部を譲渡することは認めない旨が規定されています。今回の改正では、この譲渡性預金規定の定めに影響はありません。

また、債権譲渡の対抗要件等では「異議をとどめない承諾」の制度が削除されました。従来の取扱いでは譲渡性預金の譲渡について金融機関は原則として異議をとどめない承諾を行い、金融機関に抗弁がある場合にはその旨を預金証書の譲渡通知受取欄に抗弁の内容を付記して「異議をとどめる」旨を明確にする扱いとしていました。改正民法では、「異議をとどめない承諾」の制度がなくなり債務者が抗弁権を失うことがなくなったので、上述のような事務手続は不要となりました。もっとも、実務的には従来の実務をそのまま踏襲し金融機関に抗弁がある場合には預金証書に付記する取扱いとすることになるでしょう。

なお、譲渡性預金規定の「預金」という文言については、譲渡の対象が預金にかかる債権であることを明確にする意味で、単に「預金」とするのでなく「預金にかかる債権」または「預金債権」と明記すべきでしょう。

経過措置

実務の取扱いに影響はありませんから、預金規定や事務手続、研修資料等の民法の条文の説明や用語の修正を行うことや社内の試験問題等の作成の際に注意することなど以外に特に対応の必要はなく、経過措置を考慮する必要もありません。

事務手続の変更点

多くの金融機関では譲渡性預金以外の預金の譲渡をまったく認めておらず、事務手続にも該当する規定を欠いていることが多いと思います。その

場合にはこの改正による一般の預金についての事務手続の改訂は必要ないことになります。

一方、事務手続に預金の譲渡について規定している場合には、その規定の趣旨が預金取引契約の契約上の地位の移転を定めたものなのか預金取引契約から生じる預金債権の譲渡について定めたものなのかを明確にすることが第一に求められるでしょう。従来の事務手続ではその点をあまり明確に規定していなかっただろうと思われます。今回の民法改正では契約上の地位の移転について条文が設けられました（改正民法539条の2）。このことから事務手続で預金の譲渡について規定する場合には、預金取引契約（預金口座）の譲渡なのか預金債権の譲渡なのかを明確にして、事務手続の規定内容を再整理する必要があるでしょう。

再整理にあたっての考え方はおおむね次のとおりとなるでしょう。

(1) 普通預金、当座預金

普通預金、当座預金について一般的な事務手続では、預金の譲渡の手続は定められていません。その一方で、名義変更の手続が定められており預金の譲渡にも利用していたかもしれません。この事務手続により預金口座の名義を第三者名義に変更する事務手続は、預金取引契約の契約上の地位の移転や預金債権の譲渡の手続とは理解されておらず、預金者の名称の変更と相続や会社の合併等の包括承継の際の預金口座の承継の事務手続として設けられたものと考えられます。預金者から預金口座を第三者に譲渡すること（預金取引契約の契約上の地位の移転）や預金債権の譲渡を求められた場合は、預金口座の解約と第三者による新規口座の開設および解約金の入金の取引や預金を払い戻して第三者名義の預金口座に振り込む取引によることを依頼すべきです。通常の場合はこの方法でも預金取引契約の契約上の地位の移転や預金債権の譲渡を行った場合と同じ効果が得られますから、預金者もこの依頼に納得するものと思います。

ただし、営業の譲渡などに伴う預金口座の移転の場合は従前と同一の口座番号の利用を求められるなど新規口座の開設では対応できないことがあり、そのようなときには預金取引契約の契約上の地位の移転によることが必要となります。その場合は、事務手続上は名義変更により第三者名義に変更する事務手続で取り扱い、法的には預金取引契約の契約上の地位の移転（改正民法539条の2）を行うことになりますが、想定していない事務手続になりますから、異例処理として個別に稟議・決定を得て取り扱うことになるでしょう。

なお、預金取引契約の契約上の地位の移転を行う場合には、改正民法539条の2で契約上の地位の移転は契約上の地位の譲渡人と譲受人の合意と契約の他方当事者の承諾が要件とされていますから、その合意の確認（具体的には譲渡人・譲受人連名の依頼書の提出を受けるのが一般的でしょう）と預金規定等が引き続き適用されることおよび預金口座に付随した振替え・自動引落し等の取扱い、移転後に譲渡人名義で呈示された手形や小切手の取扱い、同じく譲渡人名義の振込の取扱いなど移転後の取扱いについて譲受人と金融機関で合意したうえで預金取引契約の契約上の地位の移転を金融機関が承認する取扱いとなるでしょう。また、預金取引契約上の地位の移転と同時に預金債権も譲渡されますから預金債権譲渡にかかる対抗要件の具備（改正民法467条）も必要になることに注意が必要です。

(2) 定期預金、通知預金

定期預金および通知預金は、いずれも通帳扱いと証書扱いがあります。証書扱いの場合は当該証書に記載された預金取引契約に単一の預金債権だけが含まれる預金取引ですから、証書扱いの定期預金等を譲渡する場合は預金取引契約と預金債権を分離して考える意味はなく証書に表示された預金取引契約の契約上の地位とともに当該預金取引契約に含まれる預金債権が譲渡されるものと考えていたと思います。もっとも、預金債権の譲渡に

かかる対抗要件（現行民法467条）の取扱いについてはあいまいで、金融機関としては譲渡についての譲渡人からの通知や金融機関の承諾に対抗要件を付すことを意識して行ってはいませんでした。この機会に改正民法539条の2の契約上の地位の移転の手続と改正民法467条の債権譲渡の対抗要件の手続を意識した事務手続に改訂しておくべきだと思います。

一方、通帳扱いの定期預金口座については普通預金や当座預金と同様に名義変更の事務手続が定められていますが、この事務手続の趣旨も名称変更や相続や合併などの包括承継に対応するための事務手続と考えられます。したがって、定期預金口座の移転が必要になる場合には、名義変更の事務手続を流用して定期預金取引契約の契約上の地位の移転の手続を行うことになります。その手続の注意点は普通預金取引契約の場合と同じです。

なお、定期預金口座に含まれる1個の定期預金債権を譲渡する場合に、新たな定期預金口座を開設しその定期預金口座に譲渡する1個の定期預金債権を組み入れるという実務の取扱いはほとんどの金融機関で対応できないと思います。多くの金融機関では、いったん証書扱いの定期預金に変えたうえで譲渡の手続を行うことになるでしょう。

(3) 譲渡性預金

譲渡性預金の譲渡について、現行の事務手続では預金債権を譲渡する形式の事務処理を行っているように思えます。譲渡性預金は、証書扱いの定期預金と同様に預金取引契約に単一の預金債権が含まれるかたちとなっていることから、預金取引契約上の地位の移転なのか預金債権の譲渡なのかを意識して区別する実用性に乏しく、ただ譲渡の手続については従来の民法に規定があった債権譲渡の手続に従って構成したのだと思います。

譲渡性預金の取引の実態を考えると預金取引契約上の地位と預金債権を分離して取り扱うことはなじまないように思います。今回の民法改正で契

約上の地位の移転について民法の条文に明記されたことを機会に、預金取引契約上の地位の移転と預金債権の譲渡をともに行う扱いとして取扱いを再構成すべきだろうと思います。ただ、改正民法539条の2が定める契約上の地位の移転の要件が移転の当事者の合意と契約の他方当事者の承諾であり、現状の事務手続でもその要件は満たしていることを考えると、事務手続で定めた取扱いの手順を変更する必要はないでしょう。

規定・様式等の変更点

　譲渡性預金の譲渡にかかる書式（「譲渡性預金譲渡通知書」等の名称の書面。金融機関に対し譲渡を行った旨を通知する書面）に、預金取引契約上の地位と預金債権（利息を含む）を譲渡する旨を明記するようにすべきでしょう。

第 5 章

預金規定の
具体的な検討例

以上の解説で検討した預金規定の見直しについて、普通預金規定を例に新旧対照表にまとめてみました。あくまで1つの試案ですが、検討のたたき台として活用できると思います。

　ここでの検討のポイントは、預金規定の規定内容を定型約款の要件に合致させ、みなし合意の適用除外（改正民法548条の2第2項）に該当しないように工夫した点です。従来の預金規定は規定内容をややあいまいにしたり預金者にかなり厳しい内容を規定したりしておき、実際に運用する際に預金者との公平を図るように工夫している部分がありました。そのため、文字どおりに解釈するとみなし合意の適用除外の要件に合致しかねない規定もありました。

　そこで、この試案をつくるにあたり、改正民法で改められた部分の修正はもちろん、これまでの実務の取扱いに忠実な内容としてできるだけ具体的・限定的な規定になるように工夫し、みなし合意の適用除外の要件に合致しないようにする点に重きを置いて作成してみました。

　なお、この検討例はあくまで著者の試案として作成したものです。これをそのまま用いれば問題が生じることはないということを保障するものではありません。あくまで皆さんの検討の参考として提示するものであることをご理解いただいたうえでご活用ください。

旧	新
普通預金規定	普通預金規定
1．（取扱店の範囲） 　この預金は、当店のほか当金融機関のどこの店舗でも預入れまたは払戻しができます。また、当金融機関が提携した金融機関（以下、「提携金融機関」といいます。）においても、預入れまたは払戻しができます。ただし、当店以外での払戻しの際の1回および1日あたりの限度額は、当金融機関所定の金額の範囲内とします。 2．（証券類の受入れ）（同右） 　（省略）	1．（取扱店の範囲） 　この預金は、当店のほか当金融機関のどこの店舗でも預入れまたは払戻しができます。また、当金融機関が提携した金融機関（以下、「提携金融機関」といいます。）においても、預入れまたは払戻しができます。ただし、当店以外での払戻しの際の1回および1日あたりの限度額は、別にお知らせした当金融機関所定の金額の範囲内とします。 2．（証券類の受入れ） (1)　この預金口座には、現金のほか、手形、小切手、配当金領収証その他の証券で直ちに取立のできるもの（以下、「証券類」といいます。）を受入れます。ただし、提携金融機関での受入れは、現金のほかその受入店を支払場所とする証券類にかぎります。 (2)　手形要件（とくに振出日、受取人）、小切手要件（とくに振出日）の白地はあらかじめ補充してください。当金融機関は白地を補充する義務を負いません。 (3)　証券類のうち裏書、受取文言等の必要があるものはその手続を済ませてください。 (4)　手形、小切手を受入れるときは、複記のいかんにかかわらず、所定の金額欄記載の金額によって取扱います。 (5)　証券類の取立のためとくに費用を要する場合には、店頭表示の代金取立手数料に準じてその取立手数料をいただきます。

旧	新
3．(振込金の受入れ)　(同右) 　（省略）	3．(振込金の受入れ) (1)　この預金口座には、為替による振込金を受入れます。 (2)　この預金口座への振込について、振込通知の発信金融機関から重複発信等の誤発信による取消通知があった場合には、振込金の入金記帳を取消します。
4．(受入証券類の決済、不渡り)　(同右) 　（省略）	4．(受入証券類の決済、不渡り) (1)　証券類は、受入店で取立て、不渡返還時限の経過後その決済を確認したうえでなければ、受入れた証券類の金額にかかる預金の払戻しはできません。その払戻しができる予定の日は、通帳のお支払金額欄に記載します。 (2)　受入れた証券類が不渡りとなったときは預金になりません。この場合は直ちにその通知を届出の住所宛に発信するとともに、その金額を普通預金元帳から引落し、その証券類は当店で返却します。 (3)　前項の場合には、あらかじめ書面による依頼を受けたものにかぎり、その証券類について権利保全の手続をします。
5．(預金の払戻し)　(同右) 　（省略）	5．(預金の払戻し) (1)　この預金を払戻すときは、当金融機関所定の払戻請求書（提携金融機関で払戻しをするときは、提携金融機関所定の払戻請求書）に届出の印章により記名押印して、通帳とともに提出してください。 (2)　前項の払戻しの手続に加え、当該預金の払戻しを受けることについて正当

旧	新
	な権限を有することを確認するため当金融機関所定の本人確認資料の提示等の手続を求めることがあります。この場合、当金融機関が必要と認めるときは、この確認ができるまでは払戻しを行いません。
	(3) この預金口座から各種料金等の自動支払いをするときは、あらかじめ当金融機関所定の手続をしてください。
	(4) 同日に数件の支払いをする場合に、その総額が預金残高をこえるときは、そのいずれを支払うかは当金融機関の任意とします。
6．（利　　息）（同右） 　（省略）	6．（利　　息） 　この預金の利息は、毎日の最終残高（受入れた証券類の金額は決済されるまでこの残高から除きます。）1,000円以上について付利単位を100円として、毎年2月と8月の当金融機関所定の日に、店頭に表示する毎日の利率によって計算のうえこの預金に組入れます。なお、利率は金融情勢に応じて変更します。
7．（届出事項の変更、通帳の再発行等） (1) 通帳や印章を失ったとき、または、印章、名称、住所その他の届出事項に変更があったときは、直ちに書面によって当店に届出てください。 (2) 前項の印章、名称、住所その他の届出事項の<u>変更の届出前に生じた損害に</u>ついては、当金融機関に過失がある場合を除き、当金融機関は責任を負いません。 (3) 通帳または印章を失った場合のこの預金の払戻し、解約または通帳の再発	7．（届出事項の変更、通帳の再発行等） (1) 通帳や印章を失ったとき、または、印章、名称、住所その他の届出事項に変更があったときは、直ちに書面によって当店に届出てください。 (2) 前項の印章、名称、住所その他の届出事項の<u>変更の届出前に届出を行わなかったことで生じた損害</u>については、当金融機関に過失がある場合を除き、当金融機関は責任を負いません。 (3) 通帳または印章を失った場合のこの預金の払戻し、解約または通帳の再発

第5章　預金規定の具体的な検討例

旧	新
行は、当金融機関所定の手続をした後に行います。この場合、相当の期間をおき、また、保証人を求めることがあります。	行は、当金融機関所定の手続をした後に行います。この場合、相当の期間をおき、また、保証人を求めることがあります。
8．（成年後見人等の届出） (1)　家庭裁判所の審判により、補助・保佐・後見が開始されたときには、直ちに成年後見人等の氏名その他必要な事項を書面によって当店に届出ください。 (2)　家庭裁判所の審判により、任意後見監督人の選任がされたときには、直ちに任意後見人の氏名その他必要な事項を書面によって当店に届出ください。 (3)　すでに補助・保佐・後見開始の審判を受けているとき、または任意後見監督人の選任がされているときにも、前2項と同様に、当店に届出ください。 (4)　前3項の届出事項に取消または変更等が生じたときにも同様に、直ちに書面によって当店に届出ください。 (5)　前4項の届出の前に<u>生じた損害については、当金融機関は責任を負いません。</u>	8．（成年後見人等の届出） (1)　家庭裁判所の審判により、補助・保佐・後見が開始されたときには、直ちに成年後見人等の氏名その他必要な事項を書面によって当店に届出ください。 (2)　家庭裁判所の審判により、任意後見監督人の選任がされたときには、直ちに任意後見人の氏名その他必要な事項を書面によって当店に届出ください。 (3)　すでに補助・保佐・後見開始の審判を受けているとき、または任意後見監督人の選任がされているときにも、前2項と同様に、当店に届出ください。 (4)　前3項の届出事項に取消または変更等が生じたときにも同様に、直ちに書面によって当店に届出ください。 (5)　前4項の届出の前に<u>当金融機関が過失なく預金者の行為能力に制限がないと判断して行った払戻しについては、預金者およびその成年後見人、保佐人、補助人もしくはそれらの承継人は取消を主張しません。</u>
9．（印鑑照合等） 　<u>払戻請求書、諸届その他の書類に使用された印影を届出の印鑑と相当の注意をもって照合し、相違ないものと認めて取扱いましたうえは、それらの書類につき</u>	9．（印鑑照合等） 　<u>払戻請求書に使用された印影を届出の印鑑と相当の注意をもって照合し相違ないものと認めたほか払戻請求者が預金払戻しの権限を有しないと判断される特段</u>

旧	新
偽造、変造その他の事故があってもそのために生じた損害については、当金融機関は責任を負いません。なお、預金者が個人である場合には、盗取された通帳を用いて行われた不正な払戻しの額に相当する金額について、次条により補てんを請求することができます。	の事由がないと当金融機関が過失なく判断して行った払戻しは有効な払戻しとします。なお、預金者が個人である場合には、盗取された通帳を用いて行われた不正な払戻しの額に相当する金額について、次条により補てんを請求することができます。
10．（盗難通帳による払戻し等）（同右） （省略）	10．（盗難通帳による払戻し等） ⑴　預金者が個人の場合であって、盗取された通帳を用いて行われた不正な払戻し（以下、本条において「当該払戻し」といいます。）については、次の各号のすべてに該当する場合、預金者は当金融機関に対して当該払戻しの額に相当する金額およびこれに付帯する約定利息ならびに手数料に相当する金額の補てんを請求することができます。 　①　通帳の盗難に気づいてからすみやかに、当金融機関への通知が行われていること 　②　当金融機関の調査に対し、預金者より十分な説明が行われていること 　③　当金融機関に対し、捜査機関に被害届を提出していることその他の盗取されたことが推測される事実を確認できるものを示していること ⑵　前項の請求がなされた場合、当該払戻しが預金者の故意による場合を除き、当金融機関は、当金融機関へ通知が行われた日の30日（ただし、当金融機関に通知することができないやむをえない事情があることを預金者が証明した場合は、30日にその事情が継続している期間を加えた日数とします。）

旧	新
	前の日以降になされた払戻しの額に相当する金額およびこれに付帯する約定利息ならびに手数料に相当する金額（以下、「補てん対象額」といいます。）を前条本文にかかわらず補てんするものとします。ただし、当該払戻しが行われたことについて、当金融機関が善意かつ無過失であり、かつ、預金者に過失（重過失を除く。）があることを当金融機関が証明した場合は、当金融機関は補てん対象額の4分の3に相当する金額を補てんするものとします。 (3) 前2項の規定は、第1項にかかる当金融機関への通知が、通帳が盗取された日（通帳が盗取された日が明らかでないときは、盗取された通帳を用いて行われた不正な払戻しが最初に行われた日。）から、2年を経過する日後に行われた場合には、適用されないものとします。 (4) 第2項の規定にかかわらず、次のいずれかに該当することを当金融機関が証明した場合には、当金融機関は補てんしません。 ① 当該払戻しが行われたことについて当金融機関が善意かつ無過失であり、かつ、次のいずれかに該当すること 　A 当該払戻しが預金者の重大な過失により行われたこと 　B 預金者の配偶者、二親等内の親族、同居の親族その他の同居人、または家事使用人によって行われたこと 　C 預金者が、被害状況についての当金融機関に対する説明におい

旧	新
	て、重要な事項について偽りの説明を行ったこと ② 通帳の盗取が、戦争、暴動等による著しい社会秩序の混乱に乗じまたはこれに付随して行われたこと (5) 当金融機関が当該預金について預金者に払戻しを行っている場合には、この払戻しを行った額の限度において、第1項にもとづく補てんの請求には応じることはできません。また、預金者が、当該払戻しを受けた者から損害賠償または不当利得返還を受けた場合も、その受けた限度において同様とします。 (6) 当金融機関が第2項の規定にもとづき補てんを行った場合に、当該補てんを行った金額の限度において、当該預金にかかる払戻請求権は消滅します。 (7) 当金融機関が第2項の規定により補てんを行ったときは、当金融機関は、当該補てんを行った金額の限度において、盗取された通帳により不正な払戻しを受けた者その他の第三者に対して預金者が有する損害賠償請求権または不当利得返還請求権を取得するものとします。
11. (譲渡、質入れ等の禁止) (1) この預金、預金契約上の地位その他この取引にかかるいっさいの権利および通帳は、譲渡、質入れその他第三者の権利を設定すること、または第三者に利用させることはできません。 (2) 当金融機関がやむをえないものと認めて質入れを承諾する場合には、当金融機関所定の書式により行います。	11. (譲渡、質入れ等の禁止) (1) この預金債権、預金契約上の地位その他この取引にかかるいっさいの権利および通帳は、譲渡、質入れその他第三者の権利を設定すること、または第三者に利用させることはできません。 (2) 当金融機関がやむをえないものと認めて預金債権の質入れを承諾する場合には、当金融機関所定の書式により行

旧	新
	います。
12.（解　約　等）	12.（解　約　等）
⑴　（同右）	⑴　この預金口座を解約する場合には、通帳を持参のうえ、当店に申出てください。
⑵　（同右）	⑵　次の各号の一にでも該当した場合には、当金融機関はこの預金取引を停止し、または預金者に通知することによりこの預金口座を解約することができるものとします。なお、通知により解約する場合、到達のいかんにかかわらず、当金融機関が解約の通知を届出のあった名称、住所にあてて発信した時に解約されたものとします。
	①　この預金口座の名義人が存在しないことが明らかになった場合または預金口座の名義人の意思によらずに開設されたことが明らかになった場合
	②　この預金の預金者が前条第1項に違反した場合
	③　この預金が法令や公序良俗に反する行為に利用され、またはそのおそれがあると認められる場合
⑶　（同右）	⑶　この預金口座は、第1号、第2号AからFおよび第3号AからEのいずれにも該当しない場合に利用することができ、第1号、第2号AからFまたは第3号AからEの一にでも該当する場合には、当金融機関はこの預金口座の開設をお断りするものとします。また、前項のほか、次の各号の一にでも該当し、預金者との取引を継続することが不適切である場合には、当金融機関はこの預金取引を停止し、または預

旧	新
	金者に通知することによりこの預金口座を解約することができるものとします。 ① 預金者が口座開設申込時にした表明・確約に関して虚偽の申告をしたことが判明した場合 ② 預金者が、次のいずれかに該当したことが判明した場合 　A　暴力団 　B　暴力団員 　C　暴力団準構成員 　D　暴力団関係企業 　E　総会屋等、社会運動等標ぼうゴロまたは特殊知能暴力集団等 　F　その他前各号に準ずる者 ③ 預金者が、自らまたは第三者を利用して次の各号に該当する行為をした場合 　A　暴力的な要求行為 　B　法的な責任を超えた不当な要求行為 　C　取引に関して、脅迫的な言動をし、または暴力を用いる行為 　D　風説を流布し、偽計を用いまたは威力を用いて当金融機関の信用を毀損し、または当金融機関の業務を妨害する行為 　E　その他前各号に準ずる行為
(4)　<u>この預金が、当金融機関が別途表示する一定の期間預金者による利用がなく、かつ残高が一定の金額を超えることがない場合には、当金融機関はこの預金取引を停止し、または預金者に通知することによりこの預金口座を解約することができるものとします。また、法令に基づく場合にも同様にでき</u>	

第5章　預金規定の具体的な検討例

旧	新
るものとします。 (5) 前3項により、この預金口座が解約され残高がある場合、またはこの預金取引が停止されその解除を求める場合には、通帳を持参のうえ、当店に申出てください。この場合、当金融機関は相当の期間をおき、必要な書類等の提出または保証人を求めることがあり、また預金取引が継続されるときは預金口座が変更されることがあります。 （新設） （新設）	(4) 前2項により、この預金口座が解約され残高がある場合、またはこの預金取引が停止されその解除を求める場合には、通帳を持参のうえ、当店に申出てください。この場合、当金融機関は相当の期間をおき、必要な書類等の提出または保証人を求めることがあり、また預金取引が継続されるときは預金口座が変更されることがあります。 12の2．（入金の無い口座の解約） 　この預金について、口座開設後1か月を超えて入金が無くまたは預金全額の払戻しがなされるなどにより預金残高が無く未払利息もない状態が1年以上続いた場合には当金融機関から通知のうえ通知記載の期間内に取引継続の申出が無い場合には当金融機関は口座を解約できるものとします。 12の3．（睡眠口座の解約） (1) この預金について、「民間公益活動を促進するための休眠預金等に係る資金の活用に関する法律」に定める期間利用がない場合には、当金融機関から通知のうえ通知記載の期間内に取引継続の申出が無い場合には当金融機関は口座を解約できるものとします。 (2) 前項により、この預金口座が解約された時に残高がある場合にその預金債権の払戻しの請求があったときには、「民間公益活動を促進するための休眠預金等に係る資金の活用に関する法律」に定める所定の手続きを経て休眠預金等代替金（元金および利息相当

旧	新
	額）を支払います。
13.（通知等）（同右） （省略）	13.（通知等） 　届出のあった名称、住所にあてて当金融機関が通知または送付書類を発送した場合には、延着または到達しなかったときでも通常到達すべき時に到達したものとみなします。
14.（保険事故発生時における預金者からの相殺）（同右） （省略）	14.（保険事故発生時における預金者からの相殺） (1) この預金は、当金融機関に預金保険法の定める保険事故が生じた場合には、本条各項の定めにより相殺することができます。なお、この預金に、預金者の当金融機関に対する債務を担保するため、もしくは第三者の当金融機関に対する債務で預金者が保証人となっているものを担保するために質権等の担保権が設定されている場合にも同様の取扱いとします。 (2) 相殺する場合の手続きについては、次によるものとします。 　① 相殺通知は書面によるものとし、複数の借入金等の債務がある場合には充当の順序方法を指定のうえ、通帳は直ちに当金融機関に提出してください。ただし、この預金で担保される債務がある場合には、当該債務または当該債務が第三者の当金融機関に対する債務である場合には預金者の保証債務から相殺されるものとします。 　② 前号の充当の指定のない場合には、当金融機関の指定する順序方法により充当いたします。

第5章　預金規定の具体的な検討例

旧	新
	③ 第1号による指定により、債権保全上支障が生じるおそれがある場合には、当金融機関は遅滞なく異議を述べ、担保・保証の状況等を考慮して、順序方法を指定することができるものとします。 (3) 相殺する場合の借入金等の債務の利息、割引料、遅延損害金等の計算については、その期間を相殺通知が当金融機関に到達した日までとして、利率、料率は当金融機関の定めによるものとします。また、借入金等を期限前弁済することにより発生する損害金等の取扱いについては当金融機関の定めによるものとします。 (4) 相殺する場合において借入金の期限前弁済等の手続きについて別の定めがあるときには、その定めによるものとします。ただし、借入金の期限前弁済等について当金融機関の承諾を要する等の制限がある場合においても相殺することができるものとします。
15.（規定の変更等） (1) この規定の各条項および前記第12条第4項にもとづく期間・金額その他の条件は、金融情勢その他の状況の変化その他相当の事由があると認められる場合には、店頭表示その他の相当の方法で公表することにより、変更できるものとします。 (2) 前項の変更は、公表の際に定める相当な期間を経過した日から適用されるものとします。	15.（規定の変更等） (1) この規定の各条項は、預金者の一般の利益に適合するときまたは変更が契約をした目的に反せず、かつ、変更の必要性、変更後の内容の相当性、その他の変更にかかる事情に照らして合理的なものである場合には、変更することができるものとします。 (2) 前項によりこの規定の条項を変更する場合は、この規定の条項を変更すること、その内容および変更の効力発生時期を、店頭掲示および当金融機関のホームページに掲載します。

旧	新
（新設）	(3) 前項に定める変更の効力発生時期は、店頭掲示および当金融機関のホームページの掲載により預金者が変更を周知するのに必要な期間を経過した後の時期を定めるものとします。
以　上	以　上

第6章 定期積金の固有の事項

改正により変更となる点

　債権一般に関する改正事項により預金取引に関して生じたのと同様の影響は受けますが、定期積金に固有の変更事項はないと考えてよいでしょう。

解説

　定期積金は、積金契約者が定められた金額を期日に積み立てることを停止条件として金融機関が満期日に積金契約者に一定額を支払うことを内容とする金融商品（取引）のことをいい、この取引を行う際に積金契約者と金融機関との間で結ばれる契約を定期積金契約と呼んでいます。定期積金契約の法的な性格は停止条件付給付契約とされており、金銭消費寄託契約とされている預金契約とは法的性質が異なります。そのため、改正民法により消費寄託契約について行われた改正の影響は受けません。

　しかし、債権一般や契約一般についてなされた改正については預金契約同様に影響を受けます。その１つが定型約款に関する条項です。定期積金契約も預金取引契約同様に約款方式によって締結されており、その契約内容は定期積金規定に定められています。定期積金規定も預金規定と同様に定型約款に関する規定を意識して規定内容を変更する必要があります。また、債権譲渡の制限に関する預金債権の特則（改正民法466条の５）については定期積金契約にかかる債権についても適用があると考えてよいでしょう（山野目章夫『新しい債権法を読みとく』131頁）。

経過措置

　預金等で解説した規定等の見直しを預金規定等の見直しと同じタイミングで行うことになります。

事務手続の変更点

　事務手続に関しては変更すべき点はありません。

規定・様式等の変更点

預金規定および預金口座開設申込書と同様に定期積金規定を定型約款とするための見直しおよび定期積金取引申込書の文言の整備が必要となるでしょう。

第7章 連名預金

改正により変更となる点

　連名預金については、通常の事務手続には規定されておらず取扱いを認めない金融機関がほとんどだと思います。しかし、特別目的会社を用いた貸付などでは連名預金の取扱いを求められることがあるので、今日の金融取引では無視できない預金取引だといえるでしょう。

　連名預金の法的構成は、連名者の１人が預金債権者で他の連名者は預金払戻しの際に預金者に承諾を与える取引として整理する場合と連名者全員が債権者となる多数当事者の債権と整理する場合があると思います。後者の場合、従来は当事者の意思による「不可分債権」（現行民法428条）と考えてきましたが、今回の改正で債権者が複数の債権は、債権の目的が性質上不可分の債権のみが不可分債権とされ（改正民法428条）、目的が可分な債権を当事者の意思により分割債権として取り扱わない場合は連帯債権（改正民法432条）として取り扱われることになりました。

　連帯債権の改正民法の規定がそのまま適用されると連名預金の従来の実務とあわない点が多いので、多数当事者の債権関係として取り扱うときは特約を設けた連帯債権として取り扱う必要があります。

解　説

(1) 連名預金について

　連名預金とは、金融機関の事務取扱い上預金名義人を複数人連名とした預金のことをいいます。具体的には印鑑届の用紙の預金者欄に複数名を連記して届け出された預金のことをいいます。通常の預金取引では必要となることはありませんが、特別目的会社を用いた船舶ファイナンスなどの場合には求められる場合があります。もっとも、その法律関係については必ずしも明確ではありません。著者が経験した事例の多くは、連名者の１人が預金者で、他の連名者の同意がなければ預金払戻し等ができないという特約のついた預金取引として整理すべきものでした。しかし、連名預金を依頼する者は連名者が準共有（あるいは合有）する預金であると主張することが多く、実際の預金取引契約では法律関係を明確にせず払戻し等の事務手続に関して詳細に規定して実務の取扱いに支障ないようにしていました。

(2) 民法改正後の注意点

　改正民法では多数当事者間の債権関係について改正が行われています。従来の民法では多数当事者の債権関係は分割債権と不可分債権が規定されていました。これに対して改正民法では分割債権と不可分債権、連帯債権の３つが規定されることとなりました。
　その３つの関係を表に整理すると次のとおりです。

債権の性質・当事者の意思	現行法	改正法
債権の目的が性質上可分 別段の意思表示なし	分割債権 （427条）	分割債権 （427条）
債権の目的が性質上不可分	不可分債権 （428条）	不可分債権 （428条）
債権の目的が性質上可分だが当事者の意思表示により分割しないとした場合	不可分債権 （428条） または 連帯債権	連帯債権 （432条）

　以上のとおり、連名預金を多数当事者の債権関係とし、かつ分割されないという当事者間の合意がある場合、従来の民法では不可分債権または解釈で認められていた連帯債権のいずれかになるとされていましたが改正民法では新たに条文で定められた連帯債権になることになりました。また、改正民法の規定では連帯債権は「各債権者は、全ての債権者のために全部又は一部の履行を請求することができ、債務者は、全ての債権者のために各債権者に対して履行をすることができる」と規定されています（改正民法432条）。この点は従来の民法の不可分債権の規定である民法428条の規定内容と同じですが、連名預金の利用申込者は連名者が連名で払戻請求を行った場合にのみ金融機関は払戻しに応じるという取引を希望している場合がほとんどですから、この民法の規定が適用されることは不都合ということになります。そこで、利用申込者と金融機関の間で連名預金払戻し等に関して詳細な特約を設けて取り扱う必要があります。この点は民法改正前後で変わりません。

経過措置

　もともと、個別に対応していたものであり個別対応時に経過措置についても検討することになります。

事務手続の変更点

　事務手続に関しては、従来から規定を設けていないと思われるので、特に変更すべき点はありません。

規定・様式等の変更点

　もともと、個別に対応していたものであり個別対応時に検討することになります。

第8章

預金の差押え

改正により変更となる点

今回の民法改正では、預金の差押えに関して2カ所で規定が盛り込まれました。1カ所は譲渡制限と差押えの関係について、もう1カ所は寄託物の差押えと寄託者に対する通知についてです。

1 差押えと債権譲渡制限

解　説

　従来の民法の規定には譲渡制限が付された債権に対する差押えについての規定がありませんでした。この点については判例（最判昭和45. 4 .10民集24巻 4 号240頁）が預金債権など譲渡制限の付された債権に対する差押えや転付命令も有効としたことから、それに従って実務は取り扱われていました。

　今回の民法改正でこの点が条文に明記されました。すなわち、預金債権に付された譲渡制限についての特則を定めた改正民法466条の 5 第 1 項は差押債権者には適用しないことが明記され（改正民法466条の 5 第 2 項）、預金債権も差押えについては他の一般の債権と同様に差押えまたは転付命令を得た債権に譲渡制限が付されていても、差押債権者等の善意悪意にかかわらず第三債務者への請求に対し第三債務者は履行を拒めないことが明らかとされました（改正民法466条の 4 第 1 項により改正民法466条 3 項が適用除外されることによる反対解釈。この場合の466条 3 項の「譲受人」は「差押債権者」と読み替えます）。

　なお、債権の譲渡制限について悪意または重過失で譲り受けた譲受人の債権者が当該譲渡制限の付された債権を差押えした場合には、当該被差押債権（譲渡制限の付された債権）の債務者（第三債務者）は、当該譲受人に対するのと同様に差押債権者にも履行を拒むことができ、かつ、譲渡人に対する弁済その他の債務を消滅させる事由をもって差押債権者に対抗できるとされました（改正民法466条の 4 第 2 項）。預金債権もこの点は同様に取り扱われます。したがって、金融機関の承諾を得ないで預金債権が譲渡された場合には、その譲渡された預金債権について差押えをした譲受人の

債権者に対しては預金債権の払戻しを拒むことができることになります。

　今回の民法改正では、以上のような条文の改正がありましたがいずれも従来の解釈を条文化したものであり、預金債権の差押え等に関する実務は今後も変わりません。

経過措置

　従来と取扱いに変わる点がないので考慮すべき点もありません。

事務手続の変更点／規定・様式等の変更点

　事務手続、規定・様式等に関しては変更すべき点はありません。

2 差押え等にかかる金融機関の通知義務

解　説

　従来から、民法には寄託物について権利を主張する第三者が受寄者に対して訴えを提起し、または差押え、仮差押え、仮処分をしたときには、受寄者は寄託者に遅滞なくその事実を通知しなければならないと定められていました（現行民法660条）。今回の民法改正でもこの規定内容は維持されました（改正民法660条1項本文）。預金取引の場合は金融機関に対し預金名義人以外の者から預金払戻請求訴訟が提起されたり、預金債権が差押えされたりする場合が想定されます。このような場合には金融機関から預金名義人にその旨を通知する義務があるということです。この点は従来の実務でも行っていたことであり、実務の取扱いに影響はありません。

　ところが、今回の民法改正では、これに加えて同項にただし書きが設けられ、寄託者がその事実をすでに知っているときは通知をする必要がないことが明記されました（同条1項ただし書き）。もっとも、この規定は預金名義人が事情を承知しているのにあらためて通知する必要はないという当然の事情を明記したもので、この点でも実務に影響を与えるものではないでしょう。

　なお、預金債権の差押えの場合には裁判所から債務者に通知がなされるので（差押命令について民事執行法145条3項）、常に改正民法660条1項ただし書きが発動し、金融機関から預金者に対し差押えがあったことは通知する必要はないと考えるのは適切でないでしょう。裁判所からの通知は第三債務者である金融機関に差押通知等が到達したことを確認してから債務者に対し行う実務となっているので時間的には遅くなることが考えられますし、裁判所からの通知が届かない場合もあります。やはり、金融機関は

原則どおり差押えの通知があった旨を預金者に通知すべきでしょう。

経過措置

　現行の実務の取扱いと同内容の規定であり、特に考慮すべき点はありません。

事務手続の変更点／規定・様式等の変更点

　事務手続、規定・様式等に変更すべき点はありません。

第 9 章

預金債権について権利を主張する者への対応

改正により変更となる点

　これまでの民法には寄託物に対して権利を主張する場合の受寄者の対応について明記した規定はありませんでした。今回の改正によりその場合の対応についての規定が追加されました（改正民法660条2項、3項）。もっとも、規定された内容は従来の実務の取扱いと変わらないので、実務に与える影響はありません。

解　説

　従来の民法では、寄託物について第三者が権利を主張した場合の受寄者の対応について明文の規定はありませんでしたが、解釈では強制執行等により強制的に寄託物が引き渡される場合以外は、受寄者は第三者に寄託物を引き渡してはならないと考えられていました。改正民法ではこのことが明文の規定（改正民法660条2項）をもって定められました。また、その際に受寄者が寄託者に寄託物を返還しなければならない場合に、受寄者が寄託者に返還したことによって第三者に損害が生じてもその損害の賠償を受寄者に請求できないことも明文の規定で明らかにされました（同条3項）。

　このことを預金取引の実例に沿って考えてみます。預金取引は、金銭の消費寄託契約ですが、金銭には所有権にもとづき金銭の返還を求める権利は認められないとされています。したがって、金融機関に預けられた金銭を「自分に所有権があるから自分に返還しろ」と請求することはできません。そこで、預金として預けられた金銭が自分の所有物と主張する第三者は金融機関に対しては「預金された金銭は自分のものだからその預金の真の預金者は自分なので、自分に払い戻せ」と請求することになります。この問題は「真の預金者は誰か」という論点で議論されてきた問題です。上述の「預金された金銭は自分のものだから、その預金の真の預金者は自分だ」という主張は客観説と呼ばれる考え方です。これに対して「預金者として行為した者が預金者である」とする説があります。これが主観説と呼ばれる考え方です。この議論と同条2項の適用を考えると、客観説により預金に権利を主張する場合には自分は寄託者であるという主張になりますから、この条文は適用がないことになります。一方、主観説による場合は、この条文の適用が検討されることになります。

　もっとも、預金口座の開設申込み時には申込者の本人確認を含む取引時確認などを行っていること、主観説・客観説の議論はかつてあった無記名

定期預金(現在は取扱いがない)の預金者をめぐって生じた問題に対して主に展開された議論であることなどから、今日では金融機関は主観説の立場を徹底して主張し、同条2項の規定を適用して実務を取り扱うべきだと思います。また、そうすることによって預金名義人に預金を返還した場合に第三者に損害が生じても同条3項を引用することにより金融機関が賠償責任を免れる主張が容易にできるようになると思います。

経過措置

　この条文は改正民法附則34条1項により施行日後に締結された契約に適用されることとなっています。もっとも、この条文の内容は従来の取扱いとほとんど変わりませんから、実務の取扱い等で契約が施行日の前後であることに注意して対応する必要はないでしょう。

事務手続の変更点

　預金について第三者が権利を主張する事態については事務手続に記載はないのが一般的です。したがって、事務手続に関しては変更すべき点はありません。

規定・様式等の変更点

　金融機関と預金に権利を主張する第三者との関係の問題であり、預金取引契約の当事者との間の問題ではないので、規定内容等とは関係ありません。したがって、規定・様式等に変更すべき点はありません。

第10章

預金の時効

改正により変更となる点

　時効制度は今回の民法改正で大きく変わりました。特に債権などの消滅時効の制度については、これまで細かく分かれていた短期消滅時効をすべて整理して、「行使できることを知ってから5年」（主観的起算点からの消滅時効期間）と「行使できることとなってから10年」（客観的起算点からの消滅時効期間）に統一することとなりました。また、「時効の中断、停止」の制度も「時効の完成猶予」と「時効の更新」に制度を改めて整理し、議論のあった点なども一般的な見解による結論と条文の内容が一致するように規定が整備されました。

　もっとも、金融機関における預金の実務では、これまでも預金債権の消滅時効を意識して行う実務はほとんどなく、これによって事務手続等を変更する必要はありません。

　なお、睡眠預金の取扱いについては、民間公益活動を促進するための休眠預金等に係る資金の活用に関する法律（休眠預金等活用法）が2018年1月1日から施行されており、これによって取り扱うこととなります（時効の問題としては取り扱いません）。

解　説

a　従来から預金の実務の取扱いを解説したテキストなどでは預金債権の消滅時効と関連して実務を解説した個所はほとんどないと思います。実際、預金取引の実務を取り扱う際には預金の消滅時効を考慮しなければならない場面はありません。預金の実務を解説したテキスト等については、用語や根拠条文等を改正民法に合わせるだけで実質的な修正を行う必要がある部分はほとんどないでしょう。

なお、今回の時効制度の改正に関しては、第3部第5章「時効の管理」のところで詳しく解説します。

b　今回の民法改正とは関係ありませんが、2018年1月1日から、睡眠預金の取扱いについては、民間公益活動を促進するための休眠預金等に係る資金の活用に関する法律（休眠預金等活用法）が施行されました。従来の睡眠口座の取扱いについては、この法律に従って取り扱う必要が生じました。

経過措置

時効制度は大きな改正がありましたが、預金の通常の実務の取扱いでは時効制度を意識して取り扱う場面はありません。したがって、現行の取扱いを引き続き踏襲すればよく、民法改正の関係では経過措置について留意すべき事項はありません。

事務手続の変更点／規定・様式等の変更点

民法改正の関係では事務手続、規定・様式等に変更すべき点はありません。

第 2 部

貸出の基本

第1章

貸出の形態

改正により変更となる点

　今回の改正により、書面で行う消費貸借契約について諾成契約によることが明記されました。従来の金融法務では貸付契約を民法の規定に従って要物契約として構成していましたが、実務では諾成契約的に取り扱うことも多く、この機会に貸付契約をすべて諾成契約として再構成するべきだと思います。

解 説

a 証書貸付・手形貸付にかかる契約は金銭消費貸借契約ですが、金銭消費貸借契約は民法587条に「消費貸借は、当事者の一方が種類、品質及び数量の同じ物をもって返還をすることを約して相手方から金銭その他の物を受け取ることによって、その効力を生ずる」と規定されていたことから要物契約であるとされ、それを前提に法律関係や事務手続を整理していました。これに対し、改正民法では、現行民法の587条に加えて、587条の2を新設して「書面でする消費貸借は、当事者の一方が金銭その他の物を引き渡すことを約し、相手方がその受け取った物と種類、品質及び数量の同じ物をもって返還をすることを約することによって、その効力を生ずる」（同条1項）と定め、書面でする消費貸借契約を諾成契約として規定しました。

従来の実務では、貸付契約を要物契約として整理して事務を行っていた結果、抵当権を保全として行う貸付の場合には、抵当権設定登記前に貸付を実行しその資金を貸付留保金などの名称の預り金勘定に留保して抵当権の設定登記後に払い出す実務や「貴金融機関から次の要領によって金銭を借り入れ、これを受領しました」という契約文言の契約書を貸出金の交付前の日付で作成し、抵当権設定登記後に貸付実行の事務を行い、資金を交付する実務を行うなどしていました。特に後者の実務については抵当権の附従性の観点から抵当権設定契約および登記が無効ではないかとの紛争が生じていました。この点は判例が設定登記後に貸付金が授受されても抵当権は有効であるとする判断を示しています（古くから議論となっており、大判明治38.12.6民録11輯1653頁などから一貫して「抵当権は有効」とし、これを受けて実務が定着していきました）。

今回の改正により民法が諾成的消費貸借契約を正面から認めたことを受けて、貸付契約を諾成的消費貸借契約と整理して実務を再整理すべきで

しょう。これにより上述のような複雑な実務や説明しにくい実務を行う必要がなくなると思います。

　なお、手形貸付については、消費貸借契約そのものを明示した契約書がないことから改正民法587条の2の適用はありませんが、従来から諾成的消費貸借契約も有効とされていたことから（最判昭和48.3.16金法683号25頁）、手形貸付についても諾成的消費貸借契約として整理できると思います。もっとも、手形貸付の場合、どの時点で諾成的消費貸借契約が成立したとするのか（金融機関に貸付義務が生じたとするか）は議論となるところです。この点は貸付取引の実情を考えると金融機関の担当者が口頭で貸付実行を確約した時点で諾成的消費貸借契約が成立していると考えるべきでしょう（手形貸付の場合は、印紙税の課税を回避するために書面による貸付決定通知を行わないのが一般的です）。

b　貸付契約を要物契約として構成した場合に問題となるのが、借入者に借入義務があるのか、その場合にいつまでに借入金を受け取る必要があるのかという点だと思います。改正民法の規定では、借入者が借入金を受け取るまではいつでも解約できるとしていること（改正民法587条の2第2項前段）を考えると借入義務まで認めたものとは思われません。借入者は借入金の交付を求める権利を有し、特約がなければ当該権利（債権）は期限の定めのない債権と考えることになるでしょう。ところで、借入者が借入金の交付を求めないまま相当期間が経過した場合に金融機関はどのように対応すべきかが問題となります。

　この点、受領遅滞（改正民法413条）の場合に債務者側からの契約解除が認められれば金融機関から借入金の受領を催告のうえ契約解除することになると思われますが、判例等では受領遅滞による債務者側からの解除を認めていないので対応がむずかしくなると思います。もっとも、金融機関が一般に用いている「分割貸付契約証書」（後述するとおり貸付契約を諾成契約と構成した場合の契約書は現在用いている「分割貸付契約証書」を使うこと

で対応できます）には借入予定日の記載や一定期間借入金の交付を求めなかった場合の契約解除の規定がありますから、実務的に問題となることはないでしょう。

c　なお、当座貸越の法的性格は、従来から金銭消費貸借の予約契約（ただし、印紙税法上は「委任契約」として不課税とされています）と考えられており、この点は変わることはありません。

経過措置

改正民法で定められた諾成的消費貸借契約は、現行の民法でも有効と解釈されており、準備が整い次第改正民法に従った内容で取り扱うべきでしょう。

事務手続の変更点

事務手続に関しては変更すべき点はありません。

規定・様式等の変更点

金銭消費貸借契約証書の文言を、諾成的消費貸借契約を示す文言に変更することになりますが、現在の事務手続でも分割実行を予定している証書貸付の契約書様式は諾成的消費貸借契約の文言となっているので、現行の分割貸付の証書を他の証書貸付にも用いるようにすればよいでしょう。その際に、貸付実行に際して借入者等に求める担保等の保全や融資対象事業の進捗など貸付実行にかかる条件を記載する欄や貸付実行が相当期間なされなかった場合に金融機関から契約を解除できることを定めた条項があることを確認し、それらの欄や条項がない場合には参考例のような条項を加

える必要があります。

[貸付実行の条件記載欄]
「借入者は下記の条件が整った後に貸付実行を請求できるものとします。ただし、金融機関がやむをえないと認めた場合には条件が整わなくても貸付金の交付を受けることができるものとします。
　・下記不動産にかかる最優先の順位の抵当権の設定登記の完了
　（不動産の表示）……略」

[相当期間経過後の金融機関からする解除の条項]
「（金融機関からの解除）
　第○条　借入予定日（借入予定日の定めがない場合は本契約締結日）以降１カ月を経過しても借入者から貸付実行の請求がない場合（貸付実行の条件が整わない場合を含みます）には、金融機関から借入者に通知することによりこの契約を解除することができます。それに伴い借入者に生じた損害については、金融機関の責めに帰すべき事情により借入者が貸付実行の請求ができなかった場合を除いて、金融機関は賠償する責めを負いません。」

　なお、貸付代り金を借入者名義の預金口座に振り込むことにより交付する場合は、改正民法477条により借入者が全額の払戻しを請求する権利を取得した時点で弁済の効力を生じると規定されているので、その口座が自金融機関口座でなくても貸付代り金の受領書等の提出を借入者から受ける必要はありません。

第 2 章

基本約定書と取引別約定書

改正により変更となる点

　貸出業務では、基本約定書、取引別約定書、保証約定書、担保約定書などに分けられる多くの約定書が用いられます。基本約定書としては銀行取引約定書があり、取引別約定書として金銭消費貸借契約証書等の貸出取引にかかる約定書があります。さらに、保証書、抵当権設定証書、担保差入証などの保証約定書、担保約定書もあります。

　これらの約定書は、いずれも金融機関で定型の書式を用意して通常はその書面を変更することなく借入希望者等が署名して契約書として提出する実務が一般的となっています。この実務からこれらの約定書が第1部第1章で解説した定型約款に該当するのかという議論が今後生じるだろうと思われます。

　この点は定型約款の定義からそれらの約定書が定型約款に該当すると判断するのではなく、定型約款として扱った場合の効果の面から貸出取引においてそのような効果を生じさせることが適切かという観点で判断すべきだと思います。

解　説

(1) 定型約款として所定の効果を生じさせる要件の該当性

　貸出取引に用いられる各種の約定書等の書式が改正民法に定める定型約款に該当するかは議論が生じると思います。そこで、改正民法に規定された定型約款にかかる諸規定を確認してみます。

　定型約款として改正民法所定の効果が生じるために必要な要件は次の事項に該当することが求められています（改正民法548条の2第1項）。

a　その取引が次の要件のいずれをも満たす取引（定型取引）であること
　① 特定の者（この場合は金融機関）が不特定多数の者を相手方として行う取引
　② 取引の内容の全部または一部が画一的であることがその双方にとって合理的であること

b　用いられた書式が次の要件を満たす条項の総体（定型約款）であること
　① 特定の者（この場合は金融機関）が準備した条項の総体であること
　② 定型取引において、その契約の内容とすることを目的に準備された条項の総体であること

c　当事者の合意等
　① 上記a記載の定型取引を行うことの合意があること
　② 上記b記載の定型約款を定型取引の契約内容とする旨の合意があるとき（同条1項1号）または上記b記載の定型約款を準備した者があらかじめその定型約款を定型取引の契約の内容とする旨を相手方に表示していたとき（同項2号）のいずれかの場合

　金融機関が用意した書式や規定等が定型約款として所定の効果を生じるための要件は上記のとおりです。第1部で解説したとおり預金規定、カー

ド規定、振込規定などが典型的な例になります。一方、企業や事業者を対象とする貸出取引についてはそもそも定型取引に該当しないように思います。企業等との貸出取引は、不特定ではないかもしれませんが多数の者を相手方とするという点でａ①の「不特定多数の者を相手方とする」という要件には合致する余地はあると思いますが、ａ②の「取引の内容の全部または一部が画一的であることがその双方にとって合理的であること」という要件には必ずしも合致しないように思われます。たしかに通常の取引では金融機関が示した銀行取引約定書や金銭消費貸借証書について、条項の修正を求められることはほとんどありません。しかし、有力企業などとの取引では条項の修正を求められ、金融機関もこれに応じる場合もありますし、銀行取引約定書の期限の利益の喪失の条項などは、金融機関にとっては画一的であることで管理が容易になることから合理的であっても、相手方にとっては画一的である必要はなく、条件を緩和できるのならばしたいと考えていると思います。このように企業等との貸出取引は、定型約款を用いる前提としての定型取引にならないように思います。

これに対して、住宅ローン、カードローン、消費者ローンなど個人を相手方とするいわゆるローン取引については、借入者が消費者であることからローンの契約内容などを吟味して検討する知識を持ち合わせておらず、そのため金融機関が相手方との公平を考慮しながら準備した約定書をそのまま用いた画一的な取引によることが合理的といえると思います。実際、法務省の国会答弁でも住宅ローンの約定書を定型約款であると答弁しているようです。

(2) 定型約款となった場合の効果

上記(1)の要件に合致し、金融機関が用意した約定書が定型約款の要件に該当した場合の効果は、定型約款に記載された個々の条項を認識していなくても個々の条項に合意したものとみなすというものです（改正民法548条

の2第1項柱書)。

　ただし、次のいずれにも該当する条項については合意したものとはみなされません(同条2項)。
　①　相手方の権利を制限しまたは相手方の義務を加重する条項
　②　その取引の態様および実情、取引上の社会通念に照らして信義誠実の原則に反して相手方の利益を一方的に害すると認められる条項

　住宅ローン等の個人向けの貸出取引が定型取引とされその約定書を定型約款として取り扱った場合、上述のとおり個々の条項を相手方が認識していなくても合意したこととみなされます。そのため、その約定内容について借入者は金融機関から後日指摘されてはじめて知るという事態も想定されます。しかし、貸付取引の契約においてはそのようなことで円滑な取引が継続できるでしょうか。住宅ローン等の契約書の内容には借入者に厳しい内容が多く含まれており、借入者にはあらかじめ納得しておいてほしい条項がほとんどです。そういう意味で「みなし合意」という効果が得られたとしても金融機関は事前にその内容を説明し借入者に納得してもらうことは欠かせません。さらに、住宅ローンなどの金融機関の貸出取引にかかる契約内容には、借入者に民法の規定以上の負担を課す内容の条項が多くあり、それらの条項は金融機関の債権管理上重要な意味をもっています。期限の利益の喪失条項などがその代表例です。また、保証約定書や担保約定書にある「担保保存義務免除」の規定などもその例です。これらの規定は契約上有効な規定とされていますが、相手方(借入者等)の権利を制限しまたは義務を加重する内容であり、民法の原則からみれば相手方(借入者等)の利益を一方的に害する内容であることは明らかです。合意のうえでならば信義誠実の原則に反しないことは明らかですが、「みなし合意」の適用という面からみた場合には信義誠実の原則に反し適用除外とされる可能性があるように思います。

住宅ローンや消費者ローンの取引は、消費者にとって負担の大きい取引です。このような取引をする際には金融機関は借入者に契約内容等をきちんと説明して納得してもらってから契約するという姿勢を堅持すべきでしょう。消費者も、取引の内容を正確に理解して慎重に検討したうえで契約に臨むべきです。住宅ローンや消費者ローンの取引に用いる約定書は、形式的には定型約款の要件を満たすとしても、定型約款にかかる「みなし合意」が適用されて契約が成立しているとして扱うべきではないと思います。

(3) 定型約款の変更と貸出取引の契約

　定型約款の効果として「みなし合意」以上に重要な効果は、定型約款の変更についての規定（改正民法548条の4）です。この規定は預金規定等に暴力団排除の条項を盛り込む変更を行った際にその有効性について議論となったことなどを受けて規定された条文です。

　もっとも、貸出取引ではこの点はあまり議論となりませんでした。というのは、貸出取引では返済期限が定められており、返済期限後も継続して借入れを行う場合にはその時点で再度契約を行うこととなるため、その時点で契約内容を変更すれば実務的には十分だったからです。また、証書貸付のように長期間の返済が予定されている取引については、仮に借入者が暴力団関係者であることが判明しても返済期間の途中で契約内容を変更し期限の利益を喪失させることは法的に許容されないだろうという考えがあったのだと思います。また、仮に許容されるとしても実務的には期日どおりに返済が進んでいるのであれば無理に契約を変更して期限の利益を喪失させても円滑な回収に資することはないという判断もあったと思います。

　この実情は現時点でも変わりません。民法改正後も貸出取引の契約書について個々同意を得ることなく変更する必要性はほとんどないでしょう。

経過措置

　貸出取引に関する契約書を定型約款として扱わない立場からは現行の実務と変更なく経過措置に関して留意する点はありません。

事務手続の変更点／規定・様式等の変更点

　貸出取引に関する契約書を定型約款として扱わない立場からは事務手続、規定・様式等に関しては変更すべき点はありません。

第 3 章

貸出取引の相手方

改正により変更となる点

　貸出取引の相手方の関係で変更となる点は、意思能力の規定が設けられた点と「組合」に関する規定が改正になった点があげられますが、いずれも現行の制度に大きな変更を加えるものではなく、金融実務に与える影響はほとんどないと思います。

1 個　人

解　説

　今回の民法改正では、意思能力についての条文が盛り込まれました（改正民法3条の2）。従来の民法は、法律制度のなかで当然のこととして扱われていた事項はあえて法文にする必要はないという考えから、当然の事項は条文に規定されないことが多くありました。しかし、それではわかりやすい法律という観点からは好ましくないということで、今回の改正では当然の事理も重要なものは条文に規定するようにしました。意思能力についての条文はその1つです。ほかには、契約自由の原則を定めた改正民法521条などがその例です。

　改正民法3条の2では、「法律行為の当事者が意思表示をした時に意思能力を有しなかったときは、その法律行為は、無効とする」と定めています。ここで明らかになったのは、意思能力は意思表示を行った時に備えている必要があること、意思能力を欠いた状態で行った法律行為は無効であること、の2点です。意思能力の定義については「事理を弁識する能力」と解して一般的な能力と考える説と「当該法律行為をすることの意味を弁識する能力」と解して当該法律行為ごとに具体的に判断される能力と解する立場がありますが、今回の改正ではその点を明確にするには至らなかったとされています。もっとも、実際の取引の場面では「一般的な能力」ととらえて対応するのはむずかしいだろうと思います。たとえば、同じ売買契約でもコンビニでお菓子や飲物を買う場合と不動産業者から住宅を購入する場合とで同じ水準の「事理を弁識する能力」を要すると考えて対応するのは実際上困難だからです。この議論は理論的な問題としては理解できますが、実務の取扱いでは、実際に行われようとしている取引についてそ

の意味を理解しているか否かという観点で意思能力の有無を判断する以外に対応できないだろうと思います。

経過措置／事務手続の変更点／規定・様式等の変更点

　実質的な変更をもたらす改正内容ではないので、変更すべき点や留意すべき点は特にありません。

2　民法上の組合

解説

a　権利能力なき社団など人の集まりを法人格のない取引相手として扱うことができる場合があります。その1つが民法上の組合です（改正民法667条以下）。民法上の組合は法人格をもちませんが、組合員全員でなく組合自体を相手方として取引をすることができます。

b　民法上の組合は、共同の事業を営む各構成員が「組合契約」を締結し出資をして設立する団体のことをいいます（改正民法667条）。民法上の組合は法人格をもたず、したがって組合の財産は総組合員の共有とされます（改正民法668条）。もっとも、通常の共有が原則としていつでも共有物の分割を請求できる（改正民法256条1項本文）のに対して、組合員は組合の清算前には組合財産の分割を求めることができない（改正民法676条3項）など組合財産が組合員から独立したものとして扱われています。

c　組合の業務執行は原則として組合員の過半数で決し、各組合員が行いますが（改正民法670条1項）、組合契約で特定の者（組合員または第三者）に業務の決定および執行を委任することもでき（同条2項）、その場合は委任を受けた業務執行者が業務を執行することになります（同条3項前段）。また、複数の業務執行者がいるときは業務執行の決定は業務執行者の過半数で決し、各業務執行者が業務を執行することになります（同条3項後段）。なお、業務執行者がいる場合でも総組合員の同意により業務執行を決定し、または総組合員が業務を執行することもできます（同条4項）。これに対し、組合の常務については、他の組合員または業務執行者が異議を述べない限り、各組合員または各業務執行者が単独で行うことができます（同条5項）。

組合を相手方として貸出取引を行う場合は、組合にとって借入行為は常務とはいえないので以下のとおりの方法により借入れを行うことが決定されていることを確認する必要があります。
① 原則：組合員の過半数による決定（改正民法670条1項）
② 組合契約により業務執行の決定および執行を委任している場合には、委任された業務執行者の過半数による決定（同条2項、3項）
③ ②の場合で、総組合員の同意による決定（同条4項）

以上のことから、組合と貸出取引を行う場合は組合が借り入れることの決定の確認として、組合契約において業務執行者が定められているか否かを確認し、業務執行者が定められていない場合は組合員の過半数によって決定されていることを確認します。また、業務執行者が定められている場合には業務執行者の過半数で決定されているかを確認します。ただし、業務執行者が定められている場合でも総組合員の同意により決定している場合にはその旨を確認することになります。

次に金融機関の相手方として組合（組合員）を代理する者の代理権限を確認する必要があります。組合は法人格をもちませんから組合自体が取引の主体となることはできず、総組合員が取引を行うか組合員を代理して取引を行う必要があります。組合の代理については改正民法670条の2に規定されています。
① 業務執行者が定められている場合は業務執行者のみが組合員を代理します（同条2項前段）。なお、業務執行者が複数定められているときは業務執行者全員で組合員を代理することになります。
② 業務執行者が複数定められている場合で、業務執行者の過半数の同意があるときは各業務執行者が組合員を代理することができます（同条2項後段）。
③ 業務執行者が定められていない場合は、各組合員は組合員の過半数

の同意を得て他の組合員を代理することができます（同条1項）。
　④　ただし、組合の常務にかかる事項については各組合員または各業務執行者が単独で組合員を代理することができます（同条3項）。

d　組合に対し債権を有する者は組合の財産に対してその権利を行使することができます（改正民法675条1項）。したがって、組合に対する貸付金の返済は第一に組合の財産によって行われることになります。さらに、組合の債権者は各組合員に損失分担の割合または等しい割合で権利を行使することができるとされています（同条2項）。ただし、債権者がその債権の発生当時に損失分担の割合を知っていた場合にはその割合で権利を行使することになります（同条2項ただし書き）。

e　組合との貸出取引に関連する注意点

　組合に対する貸出の場合に、組合員に個人保証を求めることも多いと思いますが、上述のように各組合員が補充的に責任を負担していることを前提にその可否を検討することが重要です。なお、組合員が脱退した場合でも脱退前に生じた組合の債務については脱退前の責任の範囲内で責任を負うとされています（改正民法680条の2第1項）。これに対し、新たに加入した組合員は加入前に生じた組合の債務について責任を負担しないので注意が必要です（改正民法677条の2第2項）。

経過措置

　組合に関する改正民法の規定は改正民法施行時より適用されますから、その時点からは改正民法の内容に従って組合の意思決定・業務執行権限等を確認することになります。

事務手続の変更点

　組合の意思決定・業務執行権限等の確認についての事務手続を上記解説のように修正する必要があります。

規定・様式等の変更点

　組合についての改正は規定・様式等には影響を与えないので特に変更すべき点はありません。

第4章

契約の目的と公序良俗

改正により変更となる点

　公序良俗に反する契約を無効とすると定めた現行民法90条の条文の文言が改正されました。この改正は従来の同条の解釈をより明確にするための改正です。そのためこの改正によって実質的な変更は生じませんが、従来の条文の解釈を誤解していた場合にはテキスト等の見直しが必要となります。

解　説

a　今回の民法改正で公序良俗に反する法律行為を無効とする民法90条が改正されました。改正の内容は現行民法の「公の秩序又は善良の風俗に反する<u>事項を目的とする</u>法律行為は、無効とする」という条文の下線部を削除して、「公の秩序又は善良の風俗に反する法律行為は、無効とする」と改正するものです。

b　この改正前後の条文を比べてみると、改正前の条文では法律行為の目的が公序良俗に違反する場合だけが無効となると解釈されかねません。たとえば、「有名な絵画を盗み出すことを委託する」という契約は、法律行為の目的が公序良俗に反するので当然に無効です。一方、賭博の用に供される資金を貸し付ける貸金契約は公序良俗に反し無効であるとした判例（最判昭和47．4．25判時669号60頁）などのように法律行為の目的そのものは公序良俗に反するわけではないけれども、法律行為が行われた過程などを考慮して法律行為を無効とした事案もあります。このように公序良俗に違反することを理由に法律行為を無効とする判断は、法律行為の目的だけを考慮するわけではなく、当該法律行為が関係する諸事情も考慮に入れていました。今回の改正はその点が明確になるように条文の文言修正を行ったものです。

経過措置／事務手続の変更点／規定・様式等の変更点

上記の解説で指摘した「誤解」がないか見直すほかは特にありません。

第5章

保　　証

改正により変更となる点

① 今回の民法改正のポイントの1つが保証制度の改正です。保証については、個人が保証人となる場合を中心にこれまでも制度の弊害が指摘されていました。金融機関の取扱いの面では金融庁が監督指針において個人保証について慎重な取扱いを示唆し、中小企業庁が「経営者保証に関するガイドライン」を示すなど個人保証の弊害を除こうとする動きが出ていました。法的制度の面では、すでに保証契約を書面で行うことを要する要式契約とすることや貸付金等を含む債務について個人が行う根保証契約について制限を加える改正などがなされましたが、今回の民法改正でも個人保証について、保証制度の弊害を除こうとする方向での大幅な制度改正が行われました。

② 今回の保証制度の改正では、従来の民法が保証契約を保証契約全体についての原則と個人貸金等根保証契約に関する特則というかたちで規律していたものを、保証契約全体についての原則、個人根保証契約の特則、さらにその特則として個人貸金等根保証契約の特則を規定し、これとは別に事業にかかる貸金等債務についての保証契約の特則を設けるという複雑な制度内容としました。

　ほかに保証人になろうとする者に対し保証を委託する者(主債務者)から保証契約時に情報提供を義務づける制度も導入されました。

1 保証の種類

解　説

(1) 連帯保証と単純保証

a　保証には、単純保証（単純保証のことを法文上は単に「保証」と呼んでいます。さらに、民法では連帯保証や根保証を含めたすべての保証を総称する意味でも「保証」という用語を用いています。本書では連帯保証とはっきり区別するために「単純保証」と呼び、「保証」という用語は民法に定められたすべての保証を総称するときに用いるようにします）と連帯保証の2種類があります。貸付取引では保証の提供を受ける場合は連帯保証とするのが一般的です。

　保証人は主債務者が債務を履行しないときに、主債務者にかわって債務を履行する責任を負いますが、単純保証人の場合は、債権者から保証の履行請求を受けたときに、①債権者はまず主たる債務者に請求すべきことを求めることができ（民法452条。これを催告の抗弁権といいます）、②主たる債務者に弁済の資力があることを証明したときは主たる債務者の財産を追求するよう求めることができます（民法453条。これを検索の抗弁権といいます）。また、単純保証では複数の保証人がいる場合に保証責任を保証人の頭数で分割した額の範囲で負担します（民法456条。これを分別の利益といいます）。

　これらの点は改正後も従来と同様です。

b　これに対し「主たる債務者と連帯して保証債務を負担した」場合の保証を連帯保証といいます。連帯保証人には、催告の抗弁権、検索の抗弁権が認められていません（民法454条）。また、連帯保証人には分別の利益も

第5章　保　　証

認められていません。連帯保証のこれらの性質も従来と変わりません。

一方、連帯保証で変わった点は、連帯保証人に生じた事由が主債務者に影響するかという点（いわゆる「絶対効」）についてです。連帯保証の絶対効については改正後も改正前と同様に民法458条で連帯債務の絶対効の条文を準用する形式で規定されていますが、連帯債務者間の絶対効の規定から履行の請求（現行民法434条）、免除（現行民法437条）、時効の完成（現行民法439条）が削られたことから、連帯保証人にそれらの事由が生じても主債務者に影響しないこととなりました。この結果、連帯保証人に生じた事由が主債務者に絶対効として効果が生じるのは相殺、更改、混同ということになります（改正民法458条による改正民法438条、439条1項、440条、441条の準用）。

なお、相殺については、従来は現行民法458条により現行民法436条2項が準用されていた結果、連帯保証人が主債務者の債権者に対して有する債権をもって相殺することができましたが、この規定の連帯保証人への準用は削られました。一方で、主債務者が相殺を援用するまでは主債務者に反対債権があって相殺可能であることを理由に連帯保証債務の履行を拒むことができることが保証に関する規定として置かれました（改正民法457条3項。この抗弁は連帯保証人だけでなく単純保証人にも認められています）。

［参考］連帯債務の制度についての改正

連帯保証の法律関係には連帯債務の規定が準用されますが、今回の民法改正では連帯債務の制度について改正されています。そこで、連帯債務について、その改正内容を含めた全体を簡単に説明します。

連帯債務の法的性質を整理すると、次のようになります。
① 連帯債務は、複数の債務者がそれぞれ負担する独立した債務です。
　各連帯債務者が負担する債務は独立した債務ですから、連帯債務者ごとに弁済期限や条件などを別々に設定することができます。また、連帯債務

者の１人だけのために保証や担保を付すこともできます。さらに連帯債務者の１人に対する債権だけを譲渡することもできます。
② 各債務者は、債務全部の支払をなす義務を負います（現行民法432条、改正民法436条）。
③ 債務者の１人が弁済すれば連帯債務者全員が債権者に負担する債務が減少します。
④ 各債務者は、共同の目的によって連結しており、したがって、連帯債務者の１人について生じた事由は、民法が定める一定の範囲で他の連帯債務者にも影響を及ぼします（現行民法434条～439条、改正民法438条～440条）。なお、この範囲は今回の改正で変更されています。

　たとえば、連帯債務者の１人が債権者と更改を行った場合には、債権はすべての債権者のために消滅します（現行民法435条、改正民法438条）。また、連帯債務者の１人が債権者と相殺した場合にもすべての債権者のために債権は消滅します（現行民法436条１項、改正民法439条１項）。ただ、相殺については今回の改正で変更された事項があります。現行民法では連帯債務者は他の連帯債務者の負担部分の範囲で他の連帯債務者が債権者に対して有する債権をもって相殺することが認められていましたが（現行民法436条２項）、改正民法では他の連帯債務者が相殺できる場合にはその負担部分の範囲で履行を拒む（相殺はできない）ことができると変更されました（改正民法439条２項）。

　また、連帯債務者の１人と債権者の間に混同があった場合にはその連帯債務者は弁済したものとみなすとされています（現行民法438条、改正民法440条）。

　一方、これまで絶対効が認められていた請求（現行民法434条）、免除（現行民法437条）、時効の完成（現行民法439条）は絶対効の規定から削除され、連帯債務者の１人にそれらの事由が生じても他の連帯債務者には影響を及ぼしません。なお、連帯債務者の１人に生じた事由は絶対効を認める規定のような特別の規定がない限り他の連帯債務者に効力を及ぼさないのが原則です（現行民法440条、改正民法441条）。
⑤ 債務者相互の間では負担部分があり、弁済をした債務者は他の債務者に

対しその負担部分の範囲で求償することができます（現行民法442条、改正民法442条）。

(2) 個人根保証契約、個人貸金等根保証契約

a 保証は被保証債権の定め方の違いにより特定保証と根保証があることは今回の改正後でも変わりません。また、保証契約が書面を要する要式契約であることも変わりません。

b 従来は個人が貸金等債務を保証範囲に含む根保証契約である貸金等根保証契約についてその契約内容について一定の制限が規定されていました。今回の改正では、根保証契約のうち法人でないもの（つまり、保証人が個人、民法上の組合などの場合）が保証人となる契約を個人根保証契約と定義し、個人根保証契約は主たる債務の元本、主たる債務に関する利息、違約金、遅延損害金その他主たる債務に従たるすべてのものおよび保証債務について約定された違約金または損害金の額についてその全部にかかる極度額を限度として責任を負うとされ、極度額の定めのない個人根保証契約は無効とされました（改正民法465条の2第1項、2項）。さらに極度額の定めは書面で行うことが求められています（同条3項）。

c また、個人根保証契約のうち主債務に貸金等債務が含まれているものを個人貸金等根保証契約として、上述した個人根保証契約の制限に加えて改正前の「貸金等根保証契約」と同様に元本確定期日を定めること等の制限が規定されています（改正民法465条の3）。

(3) 事業にかかる債務についての保証契約

a 事業にかかる保証契約については、新しい制度が導入されました。
① 対象となる保証契約
　次の保証契約のいずれかに該当する保証契約（根保証契約）が制度の対象となります（改正民法465条の6第1項）。ただし、保証人となろうとす

る者が法人の場合は除かれます（同条3項）。
- 事業のために負担した貸金等債務を主たる債務とする（特定）保証契約
- 主たる債務の範囲に事業のために負担する貸金等債務が含まれる根保証契約

また、この制度は事業のために負担した貸金等債務を主たる債務とする保証契約または主たる債務の範囲に事業のために負担した貸金等債務が含まれる根保証契約の保証人の主たる債務者に対する求償権にかかる債務を主たる債務とする保証契約（いわゆる求償保証契約）またはその債務を主たる債務の範囲に含む根保証契約にも準用されます（改正民法465条の8）。

② 制度の内容

これらの保証契約（根保証契約）は、契約の締結に先立ちその締結の日前1カ月以内に作成された公正証書で保証人になろうとする者が保証債務を履行する意思を表示していなければ効力を生じないとされました（改正民法465条の6第1項）。ここで注意を要するのは、契約書を公正証書で作成することではなく公正証書により意思を表示していなければならないという点と公正証書で表示を要する意思は「保証契約を締結する意思」でなく「保証債務を履行する意思」である点です。

具体的には以下に列挙する法定事項を公証人に対し口述し、公証人がこれを筆記して読み聞かせまたは閲覧させて、保証人になろうとする者が筆記の正確であることを確認して署名押印し公証人が法定の内容で作成したことを付記して署名押印することが必要となります。

〈口述を要する法定事項〉

ア 特定保証の場合（改正民法465条の6第2項1号イ）
- 主たる債務の債権者および債務者
- 主たる債務の元本、主たる債務に関する利息、違約金、損害賠償その

他その債務に従たるすべてのものの定めの有無およびその内容
- 主たる債務者がその債務を履行しないときには、その債務の全額について履行する意思
- 保証が連帯保証の場合は、債権者が主債務者に対して催告したかどうか、主債務者がその債務を履行することができるかどうか、他の保証人があるかどうかにかかわらずその全額について履行する意思

イ　根保証の場合（改正民法465条の6第2項1号ロ）
- 主たる債務の債権者および債務者
- 主たる債務の範囲
- 根保証契約における極度額
- 元本確定期日の定めの有無およびその内容
- 主たる債務者がその債務を履行しないときには、極度額の限度において元本確定時までに生ずべき主たる債務の元本および主たる債務に関する利息、違約金、損害賠償その他その債務に従たるすべてのものの全額について履行する意思
- 保証が連帯保証の場合は、債権者が主債務者に対して催告したかどうか、主債務者がその債務を履行することができるかどうか、他の保証人があるかどうかにかかわらずその全額について履行する意思

　この公正証書が契約締結時になければ契約の効力は生じないということになりますから、実務では金融機関は保証契約締結時にこの内容の公正証書を確認することが必要となります。なお、保証人となろうとする者が口のきけない場合の口述の方法についての特例、耳の聞こえない場合の読み聞かせについての特例も定められています（改正民法465条の7）。

b　この制度の適用除外

　事業にかかる貸金等債務についての保証契約の締結に関する本制度は法人が保証人となる場合には適用されないことは上述のとおりですが、さら

に経営者等が法人の事業にかかる貸金等債務を保証する場合などが適用除外されます（改正民法465条の9）。

〈**法人以外で適用除外される者**〉

- 主たる債務者が法人である場合のその理事、取締役、執行役またはこれに準ずる者（いわゆる経営者保証の場合）（同条1項1号）
- 主たる債務者が法人である場合に、議決権の過半数を実質的に保有している者（同条1項2号イ、ロ、ハ、ニ）
- 主たる債務者が法人でない場合で、主たる債務者と共同して事業を行う者（同条3項前段）
- 主たる債務者の配偶者で主たる債務者が行う事業に現に従事している者（同条3項後段）

経過措置

　この条文は、施行の時以後に締結する保証契約から適用になるので、実務の取扱いは、その時点からは必ず変更しなければなりません。もっとも、事業にかかる保証契約に関する保証履行の意思を表明した公正証書の作成については施行日前から取扱いが可能ですから（改正民法附則21条2項、3項）、施行日前でも準備が整い次第実務に取り入れるべきでしょう（改正の趣旨は保証契約における保証人の意思確認の厳格化であり従来から金融機関に求められている事項でもあることから、施行日を待たずに準備が整い次第対応するのが望ましいと思います）。

事務手続の変更点

　以上の説明で明らかなとおり、今回の改正では法人が保証人となる場合および消費者ローンなどの事業に関係しない債務を保証する場合の保証に

ついては事務手続の変更の必要はありません。

　今回の改正で事務手続の変更が必要となるのは、事業にかかる貸金等債務を法人以外の個人などが保証する場合に限られます。この場合に特に検討を要するのは、事業にかかる貸金等債務に該当するか否かの判定基準と改正民法465条の9により保証契約の締結の際に公正証書による意思の表示の適用が除外される者の判定基準です。

a　事業のために負担した貸金等債務に該当するか否かの判定基準

　改正民法465条の6に定められた公正証書の作成が要件とされる保証契約は、「事業のために負担した貸金等債務を主たる債務とする保証契約」および「事業のために負担する貸金等債務が含まれる根保証契約」とされています。そこで、「事業のために負担した貸金等債務」とは何かが問題となります。

　まず、法人の借入れについてはすべて「事業のために負担した貸金等債務」と考えてよいでしょう。また、「営業」でなく「事業」という用語を用いていることから営利の目的の有無は問わないことになります。

　問題となるのが個人の借入れの場合です。個人の借入れの場合、事業と家計が未分離であることも多く資金使途が明確でない場合も多いからです。ただ、この制度の趣旨は個人が保証人になる場合の手続を厳格化し保証人になろうとする人が保証の趣旨を誤解して安易に保証契約をしてしまうことを避けることにあり、その内容も保証契約を締結するうえで特に重要な点を確認するものですから、法律上不要な場合に手続を要請しても非難の対象にはならないと思います。住宅ローンや教育ローンなど資金使途が明確な場合で明らかに「事業のために負担した貸金等債務」に該当しない場合以外は「事業のために負担した貸金等債務」に該当するとして取り扱うべきだろうと思います。また、根保証の場合は被保証債務の範囲から「事業のために負担する貸金等債務」を除外することがむずかしいことから、「事業のために負担する貸金等債務」が含まれるかもしれないと考え

て取り扱うべきでしょう。

> ※　金融機関では個人保証については慎重に取り扱う方針を定めています。仮に法律上の要件として必要とされなくても保証履行等の意思を表明した公正証書の提出を受ける扱いは保証人となろうとする者が自らの意思で責任を負担することを明確にする意味でも有益だと思います。

b　改正民法465条の9により公正証書作成の要件の適用が除外される個人の判定

改正民法465条の9には、個人であっても公正証書作成の要件の適用が除外される者について定められています。その法文上の規定は上述のとおりですが、実務のなかでこれらの事項をどのように確認するかは少し工夫が必要です。項目ごとに検討していきます。

- 主たる債務者が法人である場合のその理事、取締役、執行役またはこれに準ずる者（いわゆる経営者保証の場合）（同条1項1号）
    - → 法人の登記により確認することになります。なお、「これに準ずる者」については客観的な確認資料がないので、法人および保証人となろうとする者から事情を説明した書面の提出を受けて確認することになるでしょう。
- 主たる債務者が法人である場合に、議決権の過半数を実質的に保有している者（同条1項2号イ、ロ、ハ、ニ）
    - → 法人および保証人となろうとする者からその旨を説明した書面の提出を受けて確認することになるでしょう。
- 主たる債務者が法人でない場合で、主たる債務者と共同して事業を行う者（同条3項前段）
    - → 主たる債務者および保証人となろうとする者からその旨を説明した書面の提出を受けて確認することになるでしょう。
- 主たる債務者の配偶者で主たる債務者が行う事業に現に従事している者（同条3項後段）
    - → 主たる債務者および保証人となろうとする者から主たる債務者が

行う事業に現に従事している旨を説明した書面の提出を受け、戸籍の記載事項または住民票など主たる債務者と保証人となろうとする者が配偶者であることが確認できる証明書の提示を求めて確認することになるでしょう。なお、ここにいう「配偶者」には内縁関係など事実上配偶者としての実態を有する者も含まれると考えるべきでしょう。そのような場合には、その関係を確認できる公的な証明書等の提示を受けて取り扱うことになるでしょう。

　一方で、「主たる債務者が行う事業に現に従事している」の要件は単に主たる債務者の事業に従事していることでは足りず主たる債務者と事実上の共同経営の関係にある場合を指すと解すべきであるという指摘もあります（日本弁護士連合会編『実務解説　改正債権法』241頁）。主たる債務者の配偶者が「主たる債務者が行う事業に現に従事している」か否かの判断は慎重に行うべきでしょう。

　上記の確認により改正民法465条の9により公正証書作成の要件の適用が除外される個人であることが確認できた場合に限り保証債務の履行の意思等を表明した公正証書の作成を要しないとして取り扱うことになります。

規定・様式等の変更点

　改正民法では保証について大きな制度改正がありましたが保証契約の内容に関する改正点はないので、現行の保証書等の保証約定書や他の約定書にある保証文言を修正する必要はなく、規定・様式等の変更点は特にありません。

2 保証契約締結時の情報の提供義務（改正民法465条の10）

解　説

　改正民法では、主たる債務者が、法人以外の者に対し事業のために負担する貸金等債務を主たる債務とする（特定）保証または主たる債務の範囲に事業のために負担する貸金等債務が含まれる根保証を委託するときは、保証人になろうとする者に対し主たる債務者から次の情報を提供する義務が法定されました。

〈提供しなければならない情報〉
- 財産および収支の状況（同条1項1号）
- 主たる債務以外に負担している債務の有無ならびにその額および履行状況（同条1項2号）
- 主たる債務の担保として他に提供し、または提供しようとするものがあるときは、その旨およびその内容（同条1項3号）

　これは保証を委託する主たる債務者の義務であり金融機関等の債権者の義務ではありませんが、主たる債務者がこの情報を提供しなかったり誤った情報を提供したりしたために委託を受けた者がその事項について誤認し、それによって保証契約の申込みまたはその承諾の意思表示をした場合で、主たる債務者が情報を提供しなかったり誤った情報を提供したりしたことを債権者が知りまたは知ることができたときは、保証人は保証契約を取り消すことができるとされました（同条2項）。

　金融機関には、主債務者が適切に情報を提供したか否かを調査する義務はありませんが、実務的には主債務者および保証人から、主債務者が適切に情報提供を行い保証人が情報提供を受けた旨の表明保証を得ておくべき

でしょう。

経過措置

この条文は、施行の時以後に締結する保証契約から適用されますから、実務の取扱いは改正民法施行時までに変更する必要があります。もっとも、主たる債務者から保証人になろうとする者への情報提供は法令に定めがなくても行うことが望ましい事項ですから、金融機関の実務では施行日前でも準備が整い次第実務に取り入れて、主債務者および保証人から情報提供がなされたことについて表明保証を得るようにすべきでしょう。

事務手続の変更点

主債務者から保証人になろうとする者への情報提供が適切に行われたかについては、金融機関が「知り又は知ることができたときは、保証人は、保証契約を取り消すことができる」(改正民法465条の10第2項)とされています。この条文の文言から金融機関が情報提供について積極的に調査する義務はないことは明らかです。しかし、実務的には主債務者および保証人となろうとする者から適切に情報提供が行われたかを確認するべきでしょう。具体的な事務処理としては保証書等の保証約定書に法令に定められた事項に関する情報提供が行われたことについて主債務者と保証人の双方から表明保証させる方法によることになると思います。

規定・様式等の変更点

保証書等に次の文言を加える変更を行うべきでしょう。
「主債務者は保証人に対し保証を委託する際に、主債務者に関する以下の

情報を正確かつ十分な内容をもって保証人に提供し、保証人はその情報を受け取りました。
・財産及び収支の状況
・主たる債務以外に負担している債務の有無並びにその額および履行状況
・主たる債務の担保として他に提供し、又は提供しようとするものがあるときは、その旨及びその内容」

3 主たる債務の履行状況、期限の利益喪失に関する情報の提供義務

解　説

　改正民法では、債権者から保証人に対する情報提供の義務も法定されました。1つは主たる債務の履行状況に関する情報提供の義務です（改正民法458条の2）。もう1つは主たる債務者が期限の利益を喪失した場合における情報提供の義務です（改正民法458条の3）。

　もっとも、従来の金融機関の実務でも金融機関は保証人との密接な関係を維持するなかで主たる債務や主たる債務者の状況について情報を提供するようにしていました。また、そのために保証書等の保証約定書には金融機関から保証人に対し情報提供を行うことがある旨を定めた明文の規定を設け、主たる債務者の承認を得る扱いとしていると思います。今回の改正により、主債務や主債務者に関する重要な情報の提供が債権者の義務として条文に明記されることになりました。

　なお、従来は保証人に対する情報提供は法律上の義務とされていなかったので、主たる債務者に対する守秘義務や個人情報保護法との関係で主たる債務者の承認を得ておくことが必要でしたが、改正後は主たる債務者の承認がなくても法律上の義務の範囲で保証人に対し情報提供を行うことができるようになりました。ただ、保証人に提供すべき情報は法定の範囲にとどまるものではないので、今後も保証書等の保証約定書には保証人に対して主たる債務および主たる債務者の信用状況について情報提供を行うことがある旨を明記し主たる債務者の承認を得ておくべきでしょう。

〈提供しなければならない情報〉

a　主たる債務の履行状況に関する情報の提供義務（改正民法458条の2）

　主たる債務者の委託を受けて保証契約を締結した保証人について、保証

人からの請求により債権者は保証人に対し、遅滞なく次の情報を提供しなければなりません。この情報提供義務は保証の種類、保証人が個人か法人かにかかわらずすべての保証契約について適用されます。

[提供を要する情報]
- 主たる債務の元本および利息、違約金、損害賠償その他主たる債務に従たるすべての債務についての不履行の有無、残額、残額のうち弁済期が到来しているものの額

b **主たる債務者が期限の利益を喪失した場合の情報の提供義務（改正民法458条の3）**

主たる債務者が期限の利益を喪失したときには、債権者は期限の利益を喪失したことを知った時から2カ月以内にその旨を保証人に通知しなければなりません（同条1項）。もし、債権者がこの期間内に通知をしなかった場合には、保証人に通知するまでの間に生じた遅延損害金（期限の利益を喪失しなかったとしても生じる遅延損害金を除く）にかかる保証債務の履行を請求できなくなります（同条2項）。

ただし、保証人が法人の場合には期限の利益を喪失した場合の情報の提供義務は適用されません（同条3項）。

経過措置

主たる債務の履行状況や期限の利益喪失に関する情報提供は、現在の実務では「延滞発生時の保証人への履行請求」「期限の利益の喪失時の保証人への履行請求」の実務として行っていました。また、保証人から主債務の状況について問合せがあればそれに応じる実務の取扱いとしていました。このことから、改正に伴う経過措置としては特に留意する点はありません。

事務手続の変更点

　主たる債務の履行状況や期限の利益喪失に関する情報提供は、現在の実務では「延滞発生時の保証人への履行請求」「期限の利益の喪失時の保証人への履行請求」の実務として行っていますが、主債務者や保証人の状況に応じて保証人に対して請求しない取扱いもすることがありました。今回、期限の利益の喪失に関する情報提供が法定化されたことから、期限の利益喪失に関する情報（期限の利益の喪失に伴う保証人への履行請求）は省くことはできないこととなりました。

　また、保証人から主たる債務の状況について問合せがあった場合には、保証人に対して必要な情報を提供することは従来の事務手続にも記載されていると思いますが、もしその記載がない場合には、事務手続の修正が必要となります。

規定・様式等の変更点

　主たる債務の履行状況および期限の利益喪失に関する情報提供は、現在の実務でも行っており、今回の民法改正に伴い規定（契約書）等の文言を修正する必要は特にありません。

第6章

根抵当権

改正により変更となる点

根抵当権の被担保債権の範囲に、手形・小切手上の債権と同様に電子記録債権を含めることができるようになりました。

解　説

　一定の範囲に属する不特定の債権を極度額の限度において担保する抵当権を根抵当権といいますが（改正民法398条の2第1項）、この根抵当権の被担保債権の範囲として従来の民法では、① 債務者との特定の継続的取引契約によって生ずる債権その他債務者との一定の種類の取引によって生ずる債権（同条2項）、② 特定の原因にもとづいて債務者との間に継続して生ずる債権および手形・小切手上の債権（同条3項）が認められていました。今回の改正により、同条3項が改正されて電子記録債権を被担保債権の範囲に含めることができるようになりました。

　この改正により、従来の手形・小切手債権と同じように電子記録債権については債権者と債務者との間の取引によらないで取得した場合でもこれを根抵当権の被担保債権とすることが可能となりました。

経過措置

　この改正は、改正法の施行日以後に締結した根抵当権から適用となるので、施行日までに根抵当権設定証書等の様式の変更を準備して、施行日以降に提供を受ける根抵当権については変更後の様式の根抵当権設定契約証書を用いるようにします。なお、すでに設定された根抵当権については、必要に応じて被担保債権の範囲の変更の手続を行うことになります。

事務手続の変更点

　様式の変更以外は特にありません。

規定・様式等の変更点

　根抵当権設定契約証書の被担保債権の範囲の規定を次のとおり変更します。

変　更　前	変　更　後
被担保債権の範囲 ①　銀行取引によるいっさいの債権 ②　民法第398条の2第3項による手形上・小切手上の債権	被担保債権の範囲 ①　銀行取引によるいっさいの債権 ②　民法第398条の2第3項による手形上・小切手上の債権、<u>電子記録債権</u>

（下線部が変更箇所）

第 7 章

債権譲渡担保・債権質

改正により変更となる点

　債権担保は債権譲渡担保または債権質の方式によって行われますが、債権譲渡・債権質に関する規定では、債権譲渡等にかかる「異議をとどめない承諾」の制度が廃止された点が大きな改正点です。この結果、抗弁切断の効果を生じさせようとする場合には別途第三債務者から抗弁権放棄の同意を得ることが必要になるなど実務に大きな影響を与えることとなりました。

　また、債権の譲渡制限の特約の効果について、預金債権とその他の債権を分け、預金債権については現在と同内容の規定とし、その他の債権については譲渡禁止の特約が付された債権であっても譲渡の当事者（譲渡人および譲受人）の間では有効とし、一定の範囲の譲受人からの請求に対して第三債務者は履行を拒む等の対応ができることとされました。

1 債権譲渡担保・債権質の対抗要件

解　説

a　債権譲渡担保および債権質の対抗要件は今までと同様に第三債務者への通知または承諾です。また、第三者に対抗するためにはそれらに確定日付を要するという点も変更はありません（改正民法467条、改正民法364条で準用する改正民法467条）。また、従来から解釈で認められていた現に発生していない債権の譲渡については今回の改正で条文に明記されました（改正民法466条の6第1項）。これにあわせて現に発生していない債権の質権設定についても条文上明記されました（改正民法364条）。

b　今回の改正で大きく変更となったのが「異議をとどめない承諾」の制度です。従来、債権譲渡等にかかる第三債務者が「異議をとどめない承諾」を行うと第三債務者が債権の譲渡人や質権設定者に有していた抗弁が切断されそれらの抗弁をもって債権の譲受人または質権者に対抗できないとする効果が定められていました（現行民法468条1項）。今回の改正でこの条文が改正されて「異議をとどめない承諾」に抗弁の切断の効果を付与する制度がなくなりました（改正民法468条1項）。

このため、抗弁の切断を図ろうとする場合には一般原則に従い第三債務者に抗弁権を放棄する旨の意思表示を求める以外に方法がないこととなりました。この点は質権の場合も同様です。

今後、債権担保を設定する場合に第三債務者から抗弁権の放棄の意思表示を得るようにするのか抗弁権の主張を容認するのか、担保取得する債権の内容などによって対応を変えるのかなどの検討を要することとなりました。

経過措置

債権譲渡の対抗要件等の制度の改正は譲渡の原因となる法律行為が施行日以後に行われたものから適用されます（改正民法附則22条）から、債権譲渡担保契約または質権設定契約の契約日が施行日以後となるものから民法改正にあわせて修正した承諾書を用いることが必要となります。

事務手続の変更点

債権譲渡担保契約または質権設定契約を締結し第三債務者から承諾書の提出を受けてこれに確定日付を付す実務の流れは、変更の必要はありません。しかし、従来は第三債務者から異議をとどめない承諾を得ることで第三債務者が譲渡人（担保設定者）に対して有していた抗弁権を主張できないようにしていましたが、改正民法ではこの「異議をとどめない承諾」の制度が廃止されました。

そこで、債権譲渡担保や債権質の提供を受けようとする金融機関は第三債務者が譲渡人（担保設定者）に行使できた抗弁権を主張されてもやむをえないと考えるのか第三債務者から別に抗弁権の放棄の意思表示を得て対応するのかを検討することが必要となりました。

もし、第三債務者から抗弁権の放棄の意思表示を得るのであれば、債権譲渡担保等の対抗要件として取得する承諾書にその旨を追記することになります。なお、第三債務者から抗弁権の放棄の意思表示を得る場合にはその趣旨を第三債務者によく説明し、どういう効果が生じるかをよく理解してもらい、後日第三債務者との間でトラブルとならないように注意しなければなりません。

規定・様式等の変更点

　従来の異議をとどめない承諾の効果（第三債務者が譲渡人に対し主張できた抗弁を切断する効果）を改正後も維持しようとするのであれば、第三債務者から提出を受ける承諾書に以下の文言を加えるようにします。

　なお、債務者の抗弁権の放棄については、「抗弁を特定して記載したうえで債務者から放棄を得ることが必要となる」とするものもあります（日本弁護士連合会編『実務解説　改正債権法』272頁）。また、同書では「包括的放棄を認めるとしても……（抗弁を知っている）悪意の譲受人との関係では、当該抗弁の放棄の効果が生じないと解する余地もあろう」（前掲書同頁）とも述べています。民法改正前の判例には、異議をとどめない承諾による抗弁の切断の効果について悪意の譲受人に認めなかったものもあります（最判昭和42.10.27金法499号29頁）。

　これらの見解や判例を考慮すると、下記のように第三債務者から抗弁権の放棄の意思の明示がなされても、文字どおりの効果が得られるかは不透明だと思います。特に下記の文言では譲受人が悪意である抗弁については抗弁権の放棄は認められないと解される余地は大きいと思います。

「私（第三債務者）は、私が譲渡の時点までに譲渡人に主張できた一切の
　抗弁をもって譲受人に対する債務の弁済を拒むことはいたしません。」

2 債権譲渡制限の特約と債権譲渡担保

解　説

a　債権譲渡制限についても制度の変更がありました。従来は、「(当事者が行った譲渡を制限する)意思表示は、善意の第三者に対抗できない」とするものでしたが(現行民法466条2項)、改正後は債権譲渡を禁止または制限する意思表示を当事者(債権者および債務者)がしていたときでも債権譲渡は有効としたうえで(改正民法466条2項)、譲渡制限の意思表示がなされたことを知りまたは重大な過失により知らなかった譲受人その他の第三者に対しては第三債務者が履行を拒むことができ、かつ、譲渡人に対する弁済その他の債務を消滅させる事由をもって譲受人等の第三者に対抗できるとされました(同条3項)。

　もっとも、債権譲渡担保の担保権者として権利行使する際の実務については、従来とほとんど変わりません。債権譲渡担保の対抗要件を備えたうえで第三債務者(担保として譲渡された債権の債務者)から担保権者からの請求があった場合には担保権者に弁済する旨の表明を書面で得ておく従来の基本的な実務に変更を加える必要はないでしょう。

b　なお、預貯金の債権については、上記 a の原則に対する特則が定められ従来の譲渡制限の効果とほぼ同じ内容の制度として維持されました(改正民法466条の5)。すなわち、当事者がした譲渡制限の意思表示は、その譲渡制限の意思表示がなされたことを知り、または重大な過失により知らなかった譲受人その他の第三者に対抗することができるとされました。

経過措置

　債権譲渡の制限に関する改正は、譲渡の原因となる法律行為が施行日以後に行われたものから適用されるとされました（改正民法附則22条）。したがって、債権譲渡担保契約の契約日が施行日の前後で債権の譲渡禁止特約の効果が異なることになります。もっとも、その効果の差は実務的にはほとんど考慮する必要はないので、経過措置として特に注意する必要はないでしょう。

事務手続の変更点／規定・様式等の変更点

　特にありません。

第8章

貸付金の実行

改正により変更となる点

　今回の改正で書面によって行われる消費貸借契約について諾成契約によることができることが条文に明記されたことを受けて、金融法務の実務でも金銭消費貸借契約を、諾成的消費貸借契約として構成すべきだということは第2部第1章で解説しました。それにあわせて、貸付金の実行についても整理し直す必要があるでしょう。

解　説

(1) 貸付実行の概要

　書面で行う消費貸借契約について、改正民法では諾成契約によることができる旨が明文で規定されました。これにより金融機関の実務も証書貸付については諾成契約の法律構成で整理すべきだと思います。また、手形貸付については消費貸借契約の当事者の意思の合致を記した書面がないことから、書面による契約とはいえませんが、証書貸付に合わせて諾成契約として整理するべきでしょう。

　なお、当座貸越契約も従来どおり消費貸借の予約契約として構成することになるでしょう。その場合に個々の消費貸借契約の成立時期について予約完結権の行使の時とするか資金の交付時とするかは議論が分かれるかもしれませんが、予約完結権の行使と資金の交付はきわめて短い間隔で行われますからその議論の実益はほとんどないでしょう。

　また、今回の改正で利息に関する規定が設けられました（改正民法589条）。この規定では、利息は特約がない限り請求できないこと（同条１項）および金銭等の消費貸借の目的物を借主が受け取った日以後の利息を請求できること（同条２項）が条文上も明記されました。

(2) 貸付実行時の注意事項

　貸付実行時に最も注意しなければならない事項は、従来と変わらず資金を借入者に確実に交付することとその事実を確実に証明できるようにしておくことです。もっとも、諾成契約であると考えた場合の資金交付の法的な意味は要物契約の場合と異なります。つまり、諾成契約と考える場合には貸付義務の履行としての意味があり要物契約として考えた場合は金銭消費貸借契約の成立要件という意味があることになります。ただ、いずれに

しても資金の交付を確実に行うことの重要性が変わることはありません。そのため、従来から「資金を借入者に交付することとその事実を証明できるようにすること」について十分に配慮した実務が行われ、貸付の実行は資金交付の記録が明確に残る借入者名義の預金への振込が原則とされてきました。

この点は今後も変わりませんが、改正民法では資金が預金口座に入金され払込みにかかる金額の払戻しを請求する権利を債権者が取得した時に債務の弁済があった旨が規定されたことから（改正民法477条）、貸付実行の際の資金交付も借入者名義の預金口座（貸付を行う金融機関店舗以外にある預金口座への場合も含めて）に振込によって入金する方法が、これまで以上に一般的になると思います。

経過措置

現在でも解釈上諾成的消費貸借契約は有効とされているので、改正法の施行を待つことなく対応するべきだと思います。

事務手続の変更点

従来の「分割貸付」の事務手続を実行回数が1回の通常の貸付にも適用する扱いとすればよく、事務手続等には変更はありません。

規定・様式等の変更点

従来の実行回数が1回の証書貸付の証書を廃止し、すべて分割貸付の証書を用い、実行回数1回の場合もこれを用いるようにすることで対応可能です。

第3部

貸付金の管理

第1章

相続による債務の承継
（債務引受契約）

改正により変更となる点

　今回の民法改正では相続法の改正は、委任の規定の改正に伴い遺言執行者の規定に軽微な修正があるのみで、ほとんどありません。しかし、貸付金の債務者等に相続が開始された場合の貸付金の管理のためによく用いられる債務引受契約について、新たに条文が整備されるという改正がありました。ただ、その条文の内容は従来の解釈を踏襲するもので実務に大きな変更を与えるものではありません。債務引受契約証書等の文言を条文に合わせて整理するなどの修正が必要になるだけです。

解説

a 貸付取引の相手方（借入者）に相続が開始された場合、被相続人である借入者が負担する債務は各相続人に分割して承継されるというのが判例や実務での確定した考え方です（最判昭和34.6.19金法216号10頁）。しかし、それでは金融機関は共同相続人全員を債務者として対応しなければならず実務上の負担が大きいことなどから共同相続人のなかの1人を債務者として取引を継続できるように取り扱ってきました。具体的には、金融機関と共同相続人間の協議によって相続債務を承継する相続人を定め、その相続人が他の共同相続人が分割して相続した借入金債務を債務引受するという取扱いをしています。この場合、相続債務の負担関係を明確にするために、債務引受契約証書を作成し債務引受契約を締結するのが一般的な実務です。

b 債務引受については従来の民法では明文の規定がなく、解釈によって取り扱っていましたが、今回の民法改正で新たに明文の規定が設けられることになりました。その概略は以下のとおりです。もっとも、その内容はこれまでの解釈で考えられてきた内容とほとんど変わりません。

しかし、下記のとおり若干異なっている部分もあるので、併存的債務引受契約や免責的債務引受契約の契約書の様式などの文言を変更する必要が出てきます。

① 併存的債務引受

従来、重畳的債務引受または併存的債務引受と呼ばれてきたものですが、改正民法では「併存的債務引受」の呼称で規定されました（改正民法470条）。併存的債務引受の効果については、これまでの解釈で理解されていたのと同様に、併存的債務引受の債務引受人は債務者と連帯して債務者が債権者に負担している債務と同一の内容の債務を負担するとされました（同条1項）。

併存的債務引受契約は、債権者と債務引受人との間の契約で行うことができ、債務者の同意等は不要です（同条2項）。また、債務者と債務引受人との間の契約でも行うことができますが、この場合には債権者の承諾があった時に効力が生じるとされました（同条3項）。これらの点も従来の解釈の理解とまったく同じです。

② 免責的債務引受

　免責的債務引受の効果について、改正民法では免責的債務引受の債務引受人は債務者が債権者に対して負担する債務と同一の債務を負担し、債務者は自己の債務を免れると規定されました（改正民法472条1項）。この点も従来の定義と異なる点はありません。

　免責的債務引受契約は、債権者と債務引受人となる者との間の契約によって行うことができ、この場合は債権者から債務者に対しその契約を行った旨の通知をした時に効力が生じるとされました（同条2項）。また、債務者と債務引受人となる者との間で契約し、債権者が債務引受人となる者に対し承諾することによっても行うことができるとされました（同条3項）。従来の解釈では債権者、債務者、債務引受人となろうとする者の3者契約または債権者と債務引受人になろうとする者の契約を債務者が承諾することによって行うことが多かったと思いますが、今回の改正民法では上述のように債務者の承諾までは不要で債権者から債務者への通知でよいこととされました。この点は従来の取扱いと若干異なりますが、関係者の形式的な位置づけや契約締結の上での形式的な立場が修正されただけで実務の取扱いが修正されるわけではありません。

　なお、これまで行方不明の相続人がいる場合に免責的債務引受による債務の承継ができないことから実務上困ることがありましたが、今回の改正で「債務者への通知」が効力要件とされたことから、行方不明の相続人に公示による意思表示（民法98条）を行うことで解決できることとなりました（もっとも、行方不明者について併存的債務引受を行って債務引受人から弁

済を受ける方法でも、連帯債務者間の時効の絶対効の規定がなくなったことから実務的には不都合は生じないと思われます）。

③　債務者が行使できた抗弁権や取消権・解除権について

　併存的債務引受の場合も免責的債務引受の場合も債務を引き受けた債務引受人は、債務引受の契約の効力が生じた時に債務者が主張できた抗弁をもって債権者に対抗することができます（改正民法471条1項、472条の2第1項）。この点は従来の解釈とまったく同じです。

　また、債務者が取消権や解除権を有する場合には、債務引受契約がなければその義務を免れた範囲で債権者に対し履行を拒むことができるとされました（改正民法471条2項、472条の2第2項）。この点も従来の解釈とまったく同じです。

④　債務引受と担保権等

　免責的債務引受では元の債務者が免責されることから、それを保全する担保権や保証がどのような影響を受けるかが問題となります。従来の解釈では、債務引受前の債務者の債務が免責を受けることから、担保権等も消滅し債務引受後の債務は原則として保全しないが、担保権設定者や保証人が同意した場合には債務引受後の債務を保全する担保権等として存続させることができるという理解でした。また、債務引受前の債務者自身が担保権設定者である場合には当然に移転するという理解でした。

　これに対して改正民法では、債権者は免責的債務引受契約によって債務者が免れた債務を保全する担保権や保証を債務引受人が負担する債務を保全する担保権等として移転することができると規定されました（改正民法472条の4第1項本文、保証については同条3項で準用）。担保権や保証を免責的債務引受後の債務を保全するように移転させるには、免責的債務引受契約締結と同時またはあらかじめ債権者から債務引受人に対し意思表示することを要するとされました（同条2項）。

　ただし、担保設定者が債務引受人以外の者（元の債務者も債務引受人以外

の者に該当することに注意）であるときは担保設定者の承認を得なければならないとされました（同条1項ただし書き）。

　また、保証については、移転する保証の保証人は常に債務引受人以外の者（債務引受人が保証人の場合、債務引受人が主債務者となることから保証債務は混同消滅してしまいますから、保証の移転を考える余地がなくなります）となるので常に承諾が必要ということになります。また、保証人の承諾は書面によることが求められています（同条4項）。

　一方、併存的債務引受の際に担保権等を債務引受人が負担する債務を保全するようにすることについては改正民法でも規定されませんでした。そのため、この点は従来と同様に解釈に従って取り扱うことになります。具体的には、抵当権については担保設定者の承諾を得て債務引受人を連帯債務者として追加する債務者変更の手続（登記）を行うことになります。また、保証については債務引受人が負担する債務も保証する旨の承諾を保証人から得て取り扱うことになるでしょう。なお、保証人の承諾は免責的債務引受の保証の移転の場合と同様に書面によることを要すると考えるべきでしょう。

経過措置

　今回の改正の内容は、現行法の解釈でも認められていた内容をおおむね踏襲するものであり、改正民法に適合した内容の事務手続と所要の文言等の修正を行った様式等の準備ができ次第、施行日を待たずに取扱いを変更するようにするべきでしょう。

事務手続の変更点

　免責的債務引受に関する事務手続については、債務者および債務引受人

から免責的債務引受契約証書を金融機関に差し入れて手続を行うのが一般的でした。これに債務引受後の債務を保全することになる担保等がある場合には担保設定者や保証人も加わって署名する扱いとしていました。

今回の改正により「債務者と債務引受人の間の契約と債権者の承諾」または「債権者と債務引受人となる者との間の契約と債権者から債務者に対する通知」が成立要件とされ、債務引受後の債務を保全することになる担保等がある場合には債権者から債務引受人への移転の意思表示がなされ担保設定者や保証人が承諾することが要件とされました。これにより契約上の立場は変わりますが、契約に関与することが必要となる者の範囲は変わらず、債務者、債務引受人および金融機関、債務引受後の債務を引き続き保全する担保等がある場合には、担保設定者または保証人が免責的債務引受契約証書に署名する事務手続に変更はありません。ただし、免責的債務引受契約証書の様式は改正民法によって定められた各契約関与者の立場に沿った文言に修正するのが望ましいでしょう。

なお、併存的債務引受の事務手続についても契約書の文言等を修正する以外に特に変更する必要はありません。

規定・様式等の変更点

従来の併存的債務引受契約証書および免責的債務引受契約証書は、債務者と債務引受人（債務引受後の債務を保全するために担保権等を移転する場合は担保設定者および保証人の署名も）が金融機関に差し入れる形式の契約証書となっていることが多いと思います。この契約書における債務者、債務引受人、金融機関、担保設定者、保証人の契約関係での立場は契約書の文言上ははっきりしませんでした。ただ、関係当事者が全員同意しているので特に問題はないだろうという実務的な判断が根底にあったと思います。

今回の改正により併存的債務引受および免責的債務引受契約の要件等が

条文上明記されたことを受けて、それらの様式も条文で定められた内容に沿った文言に修正する必要があると思います。以下に債務者（借入者）に相続が開始し相続人との間で締結する債務引受契約証書の案を示します。文言的にこなれていない部分はありますが、条文の内容に忠実に従った文言になるように検討してみました。

[相続債務を相続人の1人が併存的債務引受する契約書の案]

併存的債務引受契約証書

平成　年　月　日

死亡時の住所地
被相続人　　　氏名
　　　　　　　住所
相続人兼債務引受人　氏名　　　　　　　　　㊞
　　　　　　　住所
相続人　　　　氏名　　　　　　　　　㊞
　　　　　　　住所
相続人　　　　氏名　　　　　　　　　㊞
　　　　　　　住所
連帯保証人　　氏名　　　　　　　　　㊞
　　　　　　　住所
担保提供者　　氏名　　　　　　　　　㊞
　　　　　　　住所
金融機関　　　名称
　　　　　　　代表者　　　　　　　　㊞

第1条　被相続人　　　　は金融機関から平成　年　月　日付金銭消費貸借契約証書（以下「原契約」という。）にもとづき下記借入金債務を負担していたところ、平成　年　月　日に死亡いたしました。それにより相続人は被相続人が負担していた下記借入金債務について、各相続人の法定相続分に応じてそれぞれ相続により分割して承継しました。

記

（借入金債務の表示）
　当初借入金額　　　　　　　　　円
　死亡時元金額　　　　　　　　　円
　これに付随する利息および遅延損害金その他の費用

第2条　相続人兼債務引受人　　　　（以下「債務引受人」という。）と金融機関は、他の相続人が相続分に応じて承継した各債務について併存的に引き受けることを約し、今後前条記載の債務の全額について、原契約ならびにこの契約の各条項に従い債務履行の責に任ずるものとします。

第1章　相続による債務の承継（債務引受契約）　157

第3条　連帯保証人は、この契約を承認し、原契約およびこの契約にもとづき債務引受人が引き受けた債務ならびに各相続人が相続により承継した債務のいっさいについて債務引受人および各相続人と連帯して保証の責に任ずるものとします。

第4条　担保提供者は、原契約にもとづく債務を担保するために後記の物件に設定した抵当権について、各相続人が相続により承継した債務および債務引受人が引き受けた債務を担保する抵当権として引き続き存続することを承認し、ただちに前記抵当権の付記による債務者変更（連帯債務者の追加）の登記を行います。

第5条　本契約の証書は1通作成し、その原本を金融機関が全署名者のために保管します。また、金融機関以外の署名者はその写しの交付を受け受領しました。

記

物件の表示	順位番号	所　有　者

以　上

[相続債務を相続人の１人が免責的債務引受する契約書の案]

免責的債務引受契約証書

平成　年　月　日

死亡時の住所地		
被相続人	氏名	
	住所	
相続人兼債務引受人	氏名	㊞
	住所	
相続人	氏名	㊞
	住所	
相続人	氏名	㊞
	住所	
連帯保証人	氏名	㊞
	住所	
担保提供者	氏名	㊞
	住所	
金融機関	名称	
	代表者	㊞

第１条　被相続人　　　　は金融機関から平成　年　月　日付金銭消費貸借契約証書（以下「原契約」という。）にもとづき下記借入金債務を負担していたところ、平成　年　月　日に死亡いたしました。それにより相続人全員である上記相続人３名は被相続人が負担していた下記借入金債務について、各相続人の法定相続分に応じてそれぞれ相続により分割して承継しました。

記

（借入金債務の表示）
　　当初借入金額　　　　　　　　　　円
　　死亡時元金額　　　　　　　　　　円
　　これに付随する利息および遅延損害金その他の費用

第２条　相続人兼債務引受人　　　　（以下「債務引受人」という。）と金融機関は、他の相続人が相続分に応じて承継した各債務について免責的に引き受けることを約し、今後前条記載の債務の全額について、原契約ならびにこの契約の各条項に従い債務履行の責に任ずるものとします。

② 債務引受人を除く相続人2名は、前項の契約が適法に締結されたことについて金融機関から通知を受け、前項の免責的債務引受契約により相続により分割して承継した第1条記載の債務を免れました。

第3条　金融機関は債務引受人に対し、第2条記載の免責的債務引受契約により免れた債務にかかる保証が債務引受人が引き受けた債務にかかる保証として移転する旨を本契約書により通知し、債務引受人はこれを受領しました。
② 連帯保証人は、以後この契約を承認し、原契約およびこの契約に基づき債務引受人が引き受けた債務ならびに債務引受人が相続人の1人として相続により分割して承継した債務について債務引受人と連帯して保証の責に任ずるものとします。

第4条　金融機関は債務引受人に対し、原契約にもとづく債務を担保するために後記の物件に設定した抵当権のうち第2条記載の免責的債務引受契約により免れた債務にかかる抵当権が債務引受人が引き受けた債務にかかる抵当権として移転する旨を本契約書により通知し、債務引受人はこれを受領しました。
② 担保提供者は、以後この契約を承認し、前項記載の抵当権が原契約およびこの契約に基づき債務引受人が引き受けた債務を担保する抵当権として引き続き存続することを承認し、ただちに前記抵当権の付記により必要な登記を行います。

第5条　本契約の証書は1通作成し、その原本を金融機関が全署名者のために保管します。また、金融機関以外の署名者はその写しの交付を受け受領しました。

記

物件の表示	順位番号	所　有　者

以　上

第 2 章

保証人からの弁済

改正により変更となる点

　保証人からの弁済と弁済後の保証人の求償権・代位に関しては今回の改正で実質的な変更はほとんどありません。唯一変更となったのが、抵当権等の代位について抵当権等にあらかじめ代位の付記をしなければ不動産の第三取得者に抵当権等の代位を対応できないとする現行民法501条1号が削除された点です。ただ、この規定は実情にあわせた解釈がむずかしいとして批判のある条文でしたから削除されたことにより実務が簡明になると思います。

　なお、求償権と代位に関する他の点については、保証人からの弁済は「弁済をするについて正当な利益を有する者」からの弁済と同じですから、第3部第3章「第三者からの弁済と代位」の解説を参照してください。

解　説

　保証人が弁済した主債権に抵当権等の登記された担保権がある場合に、現行民法501条1号には「保証人は、あらかじめ先取特権、不動産質権又は抵当権の登記にその代位を付記しなければ、その先取特権、不動産質権又は抵当権の目的である不動産の第三取得者に対して債権者に代位することができない。」と規定されていました。この条文をそのまま読むと保証人が抵当権等に代位するには弁済する前に代位の付記登記をする必要があると読めますが、保証人が弁済の前に代位の付記登記を行うことは現実にはありえず、保証人が弁済した後に代位の付記登記を行うのが実務となっていました。このようにこの条文は規定内容が現実的でなく規定内容と異なる実務をとらざるをえないと批判されていました。

　改正民法では、この条文が削除されました。その結果、保証人は代位の付記登記がなくても抵当権等の目的の不動産の第三取得者に対し抵当権等に対する代位を対抗できることが明確となりました。もっとも、これまでの金融機関の実務は、保証人が弁済後に付記登記ができるように弁済証書を交付するなど付記登記の手続に協力する扱いとしており、この実務は民法の改正前後で変わりはありません。

経過措置

　実務の取扱い等に特に変更はなく、経過措置を考慮する必要もありません。

事務手続の変更点／規定・様式等の変更点

　事務手続、規定・契約書の様式などで変更を必要とする点は特にありません。

第 3 章

第三者からの弁済と代位

改正により変更となる点

　今回の改正により債務者の意思にかかわらず第三者として弁済できる者の要件が利害関係を有する者から弁済をするについて正当な利益を有する者と改められました（現行民法474条2項、改正民法474条2項）。この結果、債務者の意思にかかわらず弁済できる第三者の要件と代位に関する規定（現行民法500条、改正民法500条）で定められている要件とが一致することとなりました。

　また、弁済をするについて正当な利益を有する者以外の第三者からの弁済であっても、債務者の意思に反することを債権者が知らなかった場合には弁済は有効なものとして扱うことができること（改正民法474条2項ただし書き）と弁済をするについて正当な利益を有する者以外の第三者からの弁済は債権者が弁済受領を拒めること（同条3項）が明記されました。これにより第三者から弁済を受ける際の債務者の意思の確認や第三者からの弁済に応じるか否かの判断など債権者の対応が容易になることが見込まれます。

　また、第三者からの弁済がなされた際の代位について、弁済した第三者が弁済をするについて正当な利益を有するか否かにかかわらず、代位が認められることが規定されました（改正民法499条）。なお、弁済をするについて正当な利益を有する者以外の第三者が債務者のために弁済した場合の代位については改正民法467条（債権譲渡の対抗要件）の規定が準用されることが規定されていますが（改正民法500条）、この点は改正の前後で変更はありません。

1 第三者からの弁済

解　説

　債務の弁済は債務者以外の第三者も行うことができます（現行民法474条1項、改正民法474条1項）。この原則は今回の民法改正でも変更されませんでした。一方、債務者の意思にかかわらず弁済できる場合の要件や債務者の意思に反して行われた弁済の効果、債権者の対応については改正がなされました。

　従来は「利害関係を有しない第三者」は債務者の意思に反して弁済できないとされていました（現行民法474条2項）。この要件について改正民法では「弁済をするについて正当な利益を有する者でない第三者」は債務者の意思に反して弁済できないと改正されました（改正民法474条2項）。

　現行民法500条で定められていた「法定代位」が認められる第三者の要件は「弁済について正当な利益を有する者」となっており、債務者の意思に反して弁済できる第三者の要件と食い違っていました。今回の改正では債務者の意思に反して弁済できる第三者の要件を「弁済をするについて正当な利益を有する者」と改正し、改正民法500条で定める代位に対抗要件を必要としない要件と一致させました。もっとも、この点は従来から両者の要件をほとんど同じと解釈していたので、この改正で実務に与える影響はありません。

　次に、弁済をするについて正当な利益を有する者でない第三者が債務者の意思に反して行った弁済について、従来は単に「債務者の意思に反して弁済をすることができない」と規定するだけで（現行民法474条2項）、第三者による弁済について債権者側の事情等を考慮する規定がありませんでした。このため、弁済に利害関係をもつ第三者が適法な弁済の提供を行っ

た場合には債務者の意思に反するか否かにかかわらず受領しなければならず、一方、利害関係のない第三者が債務者の意思に反して弁済した場合は、債権者の知・不知にかかわらずその弁済は無効とされていました。その結果第三者からの弁済を受ける場合には、債権者はその第三者が利害関係を有する第三者であることや債務者の意思に反していないことを債権者の責任で確認する必要がありました。

　これに対し改正民法474条2項ただし書きでは、「債務者の意思に反することを債権者が知らなかったときは、この限りでない」と規定されたことから、債権者は第三者から債務の本旨にかなった弁済の提供を受けた場合には、その弁済が債務者の意思に反していることを知らなければ、「弁済をするについて正当な利益を有する者」であるか否か、「債務者の意思に反した弁済」であるか否か、を調査することなく受領することができ、後日その第三者が弁済をするについて正当な利益を有する者でなく債務者の意思にも反していたと判明してもその弁済が無効とされることがなくなりました。

　従来の実務では、第三者からの弁済の申し出があった場合に、金融機関はその第三者が弁済について利害関係を有するか否かを確認し利害関係があることが確認できない場合に債務者からその第三者が弁済することの同意書の提出を受ける扱いをし、さらに、それらの条件が整わない場合には当該第三者と保証契約を締結したうえで弁済を受けるという方法まで行って対応していました。これに対して改正後は、金融機関は第三者から弁済の申し出があった場合にはその第三者が弁済について正当な利益を有するか債務者の意思に反する弁済ではないかを特に調査することなく、金融機関が弁済を受領する時点でその弁済が債務者の意思に反することを知らなければ有効な弁済として受け取ることができることとなりました。

　一方、改正民法474条2項本文により当該第三者が弁済できない（弁済するについて正当な利益がない第三者が債務者の意思にも反して弁済する場

合）にもかかわらず、債権者がその事情を知らずに弁済を受領すれば同条同項ただし書きにより有効な弁済となることから、そのような弁済を債権者が受領しないと受領遅滞（現行民法413条、改正民法413条）となるのではないかという疑問が生じます。そこで、受領遅滞にならないことを明確にするため弁済をするについて正当な利益を有しない第三者からの弁済については、債権者の意思に反して弁済することができないことも規定されました（改正民法474条3項）。ただし、その第三者が債務者の委託を受けて弁済する場合において債権者がそのことを知っている場合は弁済を受領する必要があるとされました（同条3項ただし書き）。

なお、第三者の弁済に関する規定は、その債権の性質が第三者の弁済を許さないとき、または当事者（通常は債権者と債務者）が第三者の弁済を禁止したり制限したりした場合には適用されないことも規定されました（改正民法474条4項）。この点は従来からの解釈をそのまま条文としたもので、実務には影響はありません。

経過措置

第三者による弁済に関する改正は改正民法施行後に生じた債務について適用されます（改正民法附則25条1項）。そのため、第三者弁済の申し出があった場合には対象の債権の発生時期が改正民法施行後か否かで分けて対応する必要があります。

事務手続の変更点

従来の事務手続はおおむね次のようなものだと思われます。

［従来の事務手続例］

第三者弁済
(1) 債務者の意思確認
　弁済につき利害関係を有しない第三者から弁済する旨の意向表明があった場合には、貸付先の意思に反しないことを確認するため、第三者弁済に異議のない旨を表明した書面（様式任意）の提出を受ける。

> （補注）　債務者の意思確認
> 　弁済につき利害関係を有しない第三者は、債務者の意思に反して弁済することはできないことから（民法474条2項）、貸付先（＝債務者）の意思を書面で確認することが必要となる。
> 　なお、貸付先が行方不明等でその同意が得られない場合に、弁済につき利害関係を有しない第三者から弁済を受ける場合には当該第三者を保証人に加え、保証債務の弁済として弁済を受ける方法によること。

　今回の民法改正により、債権者は弁済を申し出た第三者が弁済について正当な利益を有するか否か債務者の意思に反しているか否かを積極的に調査・確認することなく、弁済を受ける時点で債務者がその第三者が弁済することについて反対の意思を有していることを債権者が知っている場合以外はそのまま弁済を受領できることとなりました。
　そこで、民法改正後の事務手続の例は次のようになると思います。

［改正後の事務手続例］

第三者弁済
(1) 第三者からの弁済
　第三者から弁済の申し出があった場合には、次の各事項を確認し弁済を申し出た者が弁済することの意味および最終的に弁済額を自分で負担せざるを得なくなる場合があることを理解していることを確認したうえで弁済に応じる。
　ただし、弁済を申し出た第三者が弁済について正当な利益を有する者でなく、かつ債務者が当該第三者からの弁済に反対の意思を有していることを金融機関が知っている場合（債務者に確認するなど改めて調査する必要はない）、第三者からの弁済を禁止する旨の特約がある場合には弁済を受領してはならない。

（弁済を申し出た者に対する確認事項等）
① 債務を負担している訳ではないのに弁済を申し出た理由
② 弁済した金額は債務者に求償できるが債務者が求償に応じるか否かは判らないこと
③ 弁済により当金融機関が提供を受けている担保や保証に代位して権利を行使することができるが、それによって回収できるか否かは判らないこと
（第三者の弁済が一部弁済の場合は、当金融機関の権利が優先すること）

　上記の事務手続案では、弁済を申し出た者に弁済の義務がないのに債務者にかわって債務を弁済する理由や債務者に求償権を取得したり債権者に代位したりしたとしても十分な回収が見込めない場合があることを確認して弁済を申し出た者が第三者弁済の意味や結果を十分に理解したうえで申し出ていることなど、個人保証を申し出た個人に対する確認事項と同様の事項を確認するようにしました。なお、この確認は弁済を申し出た者が法人の場合は省略することも可能だと思います。

規定・様式等の変更点

　第三者弁済にかかる債務者の意思を確認するための様式は今後不要になると思います。

2 第三者からの弁済に伴う代位

解　説

　従来、弁済をするについて正当な利益を有する第三者が弁済した場合には当然に債権者に代位し（現行民法500条）、正当な利益を有する者でない第三者が弁済した場合には、債権者の同意を得て代位することとされていました（現行民法499条）。今回の改正では、正当な利益の有無にかかわらず弁済した第三者は債権者に代位することとされました（改正民法499条）。

　従来の実務では弁済をするについて正当な利益を有する者でない第三者が弁済する場合、金融機関は代位を認めるか否かを判断し、代位を認める場合にはその旨を明示した代位弁済受領書等の書面を交付する扱いとし、認めない場合には単に弁済を受け取ったことだけを記載した受領書を交付する扱いとしていましたが、民法改正後は、弁済する第三者が弁済について正当な利益を有するか否かにかかわらず、すべての場合に代位に必要な事項を記載した代位弁済受領書等の書面を交付する扱いをすることとなります。

　なお、弁済をするについて正当な利益を有する者でない第三者が代位する場合に債権譲渡の対抗要件に関する民法467条が準用されることは変更ありませんから（現行民法499条２項、改正民法500条）、弁済につき正当な利益を有する者でない第三者から弁済を受けた場合にはこの手続として金融機関から債務者に対し確定日付ある通知を行うべきでしょう（改正民法467条には債権者である金融機関からの通知または債務者の承諾を要する旨が定められており、金融機関から債務者への通知は義務的ではないと思われますが、金融機関において手続を行うことが弁済者保護の観点から望ましいでしょう）。

経過措置

第三者による弁済に関する改正は改正民法施行後に生じた債務について適用されます（改正民法附則25条1項）。そのため、改正民法施行後に債務の発生時期により分けて対応する必要があります。

事務手続の変更点

従来の事務手続はおおむね次のようなものだと思われます。

[従来の事務手続例]

> 第三者弁済
> (2) 弁済による代位
> 　a　弁済について正当な利益を有する者でない者の弁済の場合（任意代位）
> 　　　弁済者が代位を希望する場合には、代位を認めても金融機関の債権保全に支障がないかを検討し支障がないと判断した場合には代位を認める。
> 　　　その場合には、「代位弁済証書」（様式例参照。保証人が代位弁済した際に交付する代位弁済証書と同内容）を交付し、貸付先に対して弁済者に代位させた旨の確定日付のある通知（様式任意）を送付する。
> 　　　任意弁済者が代位を希望しない場合または金融機関が代位を認めない場合には、弁済者に弁済を受領したことのみを記載した「領収書」（様式任意）を交付する。
> 　b　弁済について正当な利益を有する者の弁済の場合（法定代位）
> 　　　弁済者は当然に代位するので、「代位弁済証書」（様式例参照。保証人が代位弁済した際に交付する代位弁済証書と同内容）を交付する。

これに対し改正民法では、債権者が代位の可否を決めることができず弁済した第三者は常に代位することができることとなりました。そのため、改正後の事務手続では金融機関が代位の可否を判断する部分が不要となり、おおむね次のような事務手続となるでしょう。

[改正後の事務手続例]

> **第三者弁済**
> (2) 弁済による代位
> 　a　弁済金の受領と代位弁済証書の交付
> 　　弁済者が代位を希望する場合には、「代位弁済証書」(様式例参照。保証人が代位弁済した際に交付する代位弁済証書と同内容)を交付する。
> 　　なお、弁済者が代位を希望しない場合には、弁済者に弁済を受領したことのみを記載した「領収書」(様式任意)を交付する。
> 　b　弁済について正当な利益を有する者でない第三者が弁済した場合の特例
> 　　弁済について正当な利益を有する者でない第三者が弁済した場合、代位には民法467条が準用されるので同条に定める対抗要件として貸付先に対して弁済者に代位させた旨の確定日付のある通知(様式任意)を送付する。
> 　　なお、弁済者が代位を希望しない場合には、貸付先に対する通知は不要である。

規定・様式等の変更点

　代位弁済証書の書式例および貸付先に送付する通知書の一般的な案文は以下のとおりです(通知書は内容証明郵便で送付する)。

[代位弁済証書の書式例]

代 位 弁 済 証 書

平成　年　月　日

印　　紙
17号1文書
営業に関し
ないものは
非課税

（住所）
代位弁済者　　　　　　　　殿

　　　　　　　　　　　　　住　所
　　　　　　　　　　　　　名　称　　（金融機関）
　　　　　　　　　　　　　代表者　　　　　　　　㊞

第1条　平成　年　月　日付金銭消費貸借契約証書に基づき、金融機関が債務者に対し有する債権
　　　金　　　　　円也（内訳元本金　　　　円也、利息金　　　　円也、損害金　　　円也）の全額について平成　年　月　日に貴殿より弁済を受け、正に受領しました。

第2条　前条記載の債権を保全するため平成　年　月　日付抵当権設定契約証書にもとづき　　法務局　　支局・出張所平成　年　月　日受付第　号順位第　番で後記不動産に設定された抵当権につき、貴殿が行う移転登記に必要な手続きを貴殿の申し出に従い速やかに行います。

第3条　第1条に記載された金銭消費貸借契約証書および前条に記載された抵当権設定契約証書を貴殿に交付します。

記

物 件 の 表 示	順位番号	所 有 者
		以　上

第3章　第三者からの弁済と代位

[代位弁済がなされた旨の通知書の案文例]

通　知　書

平成　年　月　日

住　所
債務者

　　　　　　　　　　　住　所
　　　　　　　　　　　名　称　　（金融機関）
　　　　　　　　　　　代表者　　　　　　　　㊞

　平成　年　月　日付金銭消費貸借契約証書にもとづき貴殿が当金融機関に負担する下記借入金債務について、平成　年　月　日に　　殿（住所　　　）がその全額を弁済し、当金融機関はこれを受領いたしました。
　これにより　　殿は当金融機関が貴殿に対し有する下記貸付金債権およびこれを保全する平成　年　月　日付抵当権設定契約証書にもとづき設定された抵当権に代位いたしましたのでご通知申し上げます。

記

（借入金債務の表示）
平成　年　月　日付金銭消費貸借契約書にもとづく借入金債務
　（当初貸付額　　　　　円）の現在残元金　　　　円、約定利息　　円、遅延損害金　　円の合計　　　円の全額

以　上

第4章

担保保存義務

改正により変更となる点

担保保存義務について規定した現行民法504条は、今回の改正によりわかりやすい文言に改正されましたが、その内容は従前の実務の内容を踏襲したものであり、実務の取扱いを変更する必要はありません。

解　説

　現行民法504条は、弁済をするについて正当な利益を有する第三者（代位権者）がいる場合に債権者が故意または過失によって担保を喪失または減少させた場合には、代位権者はそれによって償還を受けられなくなった限度で責任を免れることのみを規定していました。改正民法504条は、その点を1項前段に規定したうえで、同条1項後段に代位権者が物上保証人であった場合に当該担保物件を承継した者についても責任を免れることを規定しました。この点は判例（最判平成3.9.3金法1306号4頁）で認められていた内容を条文化したものです。また、債権者が担保を喪失等させたことについて取引上の社会通念に照らして合理的な理由がある場合には担保の喪失等による免責の適用がない旨が規定されました（同条2項）。この点も実務の取扱いで一般に認められていた内容を条文化したものです。

　ところで、従来の実務では保証人や物上保証人からあらかじめ「担保保存義務免除の特約」への合意を得ておくことが一般的でした。この特約について判例は有効性を認めていますが（最判昭和48.3.1金法679号34頁）、一方で「金融取引上の通念から見て合理性を有し、（かつ）保証人等が特約の文言にかかわらず正当に有し、又は有し得べき代位の期待を奪うものとはいえない」ことを前提に有効を認める判例（最判平成7.6.23金法1427号31頁）もあります。同条2項の規定は、これらの判例の趣旨をふまえて解釈すると「担保保存義務免除の特約」の合意があったとしても取引上の社会通念に照らして合理的な理由がない担保等の喪失の場合にまで担保保存義務は免除されないと解釈できるという意見もあります（日本弁護士連合会編『実務解説　改正債権法』324頁）。

経過措置

実務上変更すべき事項がないので特に留意すべき事項はありません。

事務手続の変更点

従来の一般的な事務手続では、担保解除、保証人解除のときは、残存する物上保証人、保証人から同意をとって担保保存義務の問題が生じないようにしておくことが規定されていました。

この従来の実務も基本的には変更する必要はありませんが、改正民法504条2項が加わったことにより、残存する保証人等から同意が得られない場合でも担保解除等について合理的な説明が可能と判断できれば、同意を得ることなく担保解除等を行う実務が今よりも一般的に行われるようになるかもしれません。なお、担保保存義務免除の合意があることを理由に合理的な説明がむずかしい担保解除等を残存する物上保証人、保証人から同意なく行うことは、従来から行わないようにしていたと思いますが、今後はいっそう注意する必要があるでしょう。

規定・様式等の変更点

特にありません。

第 5 章

時効の管理

改正により変更となる点

　今回の民法改正で最も大きく改正されたのが消滅時効の制度です。金融法務に関係が深い事項を中心に主な改正点をあげると以下のとおりです。
① 　債権の消滅時効に関する「商事債権の消滅時効の特則」、「短期消滅時効の制度」が廃止されました。
② 　消滅時効の期間の原則を次のとおりとしました。
　　・債権者が権利を行使することができることを知った時から5年間
　　・権利を行使できる時から10年間
③ 　「時効の中断、停止」という概念を「時効の更新、完成猶予」という概念に改め、規定内容をそれに合わせて整理しました。ただし、この点に関する改正民法の規定にもとづく制度内容は、従来の学説等の考え方をおおむね踏襲するものとなっています。

　消滅時効に関する制度は、今回の民法改正で最も大きく変わった分野です。しかし、債権管理の実務でも預金の実務と同じように営業部店の窓口の実務はほとんど変わらないと思います。なぜなら、窓口で消滅時効を考慮しながら行う実務は通常はないからです。一方、事務手続を所管する部署や事務や債権管理を指導する部署の者にとっては、改正後の消滅時効の制度を正確に理解し、制度を的確に利用することは大変重要だといえるでしょう。

1 消滅時効の時効期間

解　説

消滅時効の時効期間の規定は、次のとおり従来から大きく改正されました。

a　債権の消滅時効の時効期間の原則（改正民法166条1項）
・債権者が権利を行使できることを知ってから5年（同項1号）
・権利を行使できる時から10年（同項2号）

（改正点）
・民事債権、商事債権の区別がなくなったこと
・短期消滅時効の制度が廃止されたこと
・時効の起算点を、主観的起算点（債権者が権利を行使できることを知ってから）と客観的起算点（権利を行使できる時から）に分けて規定したこと

b　人の生命・身体の侵害による損害賠償請求権の消滅時効（改正民法167条）
・債権者が権利を行使できることを知ってから10年
・権利を行使できる時から20年

c　なお、手形法、小切手法に定められた手形上・小切手上の債権の消滅時効の期間は従来と変わりません。

経過措置

債権の消滅時効の期間に関する上記の改正については、施行日以後に生

じた債権(債権の発生原因となる法律行為が施行日前にされたときを除く)から適用され、施行日前に生じた債権(債権の発生原因となる法律行為が施行日前にされたときを含む)は改正前の民法の規定が適用されることとされました(改正民法附則10条4号)。

　これにより、改正民法施行日前に約定した貸付契約(銀行取引約定書等の基本約定ではなく個々の貸付取引の契約を指します)にもとづく債権については改正前の民法が、改正民法施行後に約定した貸付契約にもとづく債権については改正民法の規定が適用されることになります。その結果、改正民法施行日前に約定した貸付契約にもとづく債権がすべて消滅する(管理停止する)までは時効期間については新旧どちらの民法が適用になるかを判断し分けて管理する必要が生じます。

　なお、当座貸越契約にもとづく債権についてはどちらの法律が適用になるのかをめぐって議論が生じることが予想されますが、一般的な時効管理の実務ではより短い期間である5年を定める改正民法を基準に対応するべきでしょう(万が一、消滅時効の期間が争点となる紛争等が生じた場合には法律上の議論をもとに金融機関の権利を守るための主張を行うことになります)。

事務手続の変更点

　事務手続のなかで債権の消滅時効について解説している場合には、改正後の時効期間についての解説と経過措置、改正民法が適用となる債権の判定基準等について上記の解説に従い記載する必要があります。

　もっとも、消滅時効の期間は営業部店等で行う延滞債権の管理には基本的に影響しないので、営業部店向けの事務手続に規定されている実務対応については変更の必要はありません。

規定・様式等の変更点

　消滅時効の期間に関しては契約上の事項ではないので契約書等の変更の必要はありません。

2 完成猶予、時効の更新

解　説

a　貸付金債権や手形上の債権は、弁済期限が到来した後、何もせずに放置すると、一定の消滅時効期間の経過によって債権が時効で消滅してしまいます。これに対し、一定の事情が生じた場合に時効の完成を止める「時効の停止」と債権者が権利を行使しているなどの場合にこれまで進行した時効期間を清算し事由がやんだ後に新たに時効が進行する「時効の中断」という制度が従前の民法では規定されていました。

　今回の民法改正により従来規定されていた「時効の停止」「時効の中断」の制度にかえて「時効の完成猶予」「時効の更新」という制度が定められました。

b　「時効の完成猶予」「時効の更新」のことをあわせて通常「時効障害」と呼びます。このうち「時効の完成猶予」は、その事由が生じても時効はそのまま進行しますが、そのまま時効期間が満了しても時効の完成猶予の効果が継続している間は時効が完成しないとする制度です。また、「時効の更新」はいままで進行した時効期間をいったん清算してその時点から新たに時効期間を進行させる制度です。

　後述する「承認」を除く時効障害の仕組みは、権利の行使とみられる一定の事実などが生じると時効の完成猶予の効果が生じ一定期間時効は完成しないこととし、それらの事由が終了した時の事情に応じ時効の更新が生じその時点から新たに時効期間が起算されることとなる場合と事由の終了後一定期間経過するまで時効の完成猶予の効果が継続しその間は時効が完成しないとされる場合とに分けて規定されています。

[参考] 現行民法との違い

　現行民法の規定では、時効の進行や完成を制限する制度として「時効の中断」と「時効の停止」という2つの制度が設けられていました。時効の中断事由に該当する事情が生じると時効の進行は停止し、その事情が終了した時点から新たに時効期間が開始するとされていました。また、「時効の停止」は権利の行使を阻害する事情などとして定められた事情が生じた場合にその事情が終了した後一定期間時効が完成しないとする制度でした。

　しかし、法律上の用語とはいえ「時効の中断」と「時効の停止」という用語から受ける印象が法律上の意味と差があり誤解を生じやすいこと、時効の中断事由の内容や事由が終了した時点などの点が条文から読み取りにくいことなどの指摘があったことから、今回の民法改正では「時効の更新」と「時効の完成猶予」という2つの制度に整理し直すこととしたものです。

c　時効の完成猶予を生じさせる事由

　時効の完成猶予を生じさせる事由は、現行民法の時効の中断事由と時効の停止の事由をあわせたものとおおむね同じです。

① 権利を確定させるため行われる裁判上の手続等による場合（改正民法147条）
- ・裁判上の請求（同条1項1号）
- ・支払督促（同項2号）
- ・民事訴訟法275条1項の和解（訴え提起前の和解）（同項3号）
- ・民事調停法および家事事件手続法上の調停（同項3号）
- ・破産手続参加、再生手続参加、更生手続参加（同項4号）

※事由が終了した後の効果
- ・確定判決または確定判決と同一の効力を有するものによって権利が確定した時
    - → 改正民法169条により原則10年の時効が新たに進行します（改正民法147条2項）。
- ・確定判決等により権利が確定することなく事由が終了した時
    - → 改正民法147条1項により終了の時から6カ月の間時効は完成し

ません（時効の完成猶予の効果が事由終了時から6カ月間継続されます）。
② 強制執行等による場合（改正民法148条）
　・強制執行（同条1項1号）
　・担保権の実行（同項2号）
　・民事執行法195条の担保権の実行としての競売の例による競売（同項3号）
　・民事執行法196条に規定する財産開示手続（同項4号）
※事由が終了した後の効果
　・申立ての取下げまたは法律の規定に従わないことによる取消しによって事由が終了した時
　　→　改正民法147条1項により終了の時から6カ月の間時効は完成しません（時効の完成猶予の効果が事由終了時から6カ月間継続されます）。
　・上記の場合以外で事由が終了した時
　　→　時効が更新され新たにその時効が進行を開始します（同条2項）。
③ 仮差押え等による場合（改正民法149条）
　・仮差押え（同条1号）
　・仮処分（同条2号）
※事由が終了した後の効果（同条柱書）
　・事由が終了した時から6カ月の間時効は完成しません（時効の完成猶予の効果が事由終了時から6カ月間継続されます）。

[参考]　仮差押え・仮処分の時効中断の効果
　改正前の民法では、仮差押えまたは仮処分によって生じた時効中断の効果が仮差押え等の裁判所の手続が終了した時点で事由が終了しその時点からあらためて時効の進行が開始されるのか仮差押え等の効果が継続している間は事由が継続しているので仮差押え等の効力が失われるまで時効中断の効果が継続するのかで解釈が分かれていました。判例は、「仮差押えによる時効中断の効力は、

仮差押えの執行保全の効力が存続する間は継続すると解するのが相当である」として後者の説を支持しています（最判平成10.11.24金法1535号55頁）。

　今回の改正では、この点を立法的に解決することなく引き続き解釈に委ねられたとされています。従来の実務では判例の立場によりつつ金融機関が債務者の不動産に仮差押えを行いその登記がなされたままの状態が長期間継続する事例が散見されました。本来、仮差押え等は支払請求訴訟などの本案訴訟の準備として行われるもので、仮差押えの効力を存続させたまま本案訴訟を提起することなく長期にわたるのは制度の趣旨に反すること、実際に長期に放置された仮差押えの登記が土地等の活用の妨げとなっている事例があるという指摘もあること、などを考えると、今後この判例は変更される可能性もあるだろうと思います。

　いずれにしても、金融機関は債権回収の際に行った仮差押え等を制度の趣旨に沿って取り扱い、長期に放置するようなことは慎むべきだと思います。

④　催告による場合（改正民法150条）

　催告がなされた場合には、催告の時から6カ月の間時効は完成しません（同条1項）。なお、催告により時効の完成が猶予されている間に再度の催告を行っても時効の完成猶予の効果が重ねて生じることはありません（同条2項）。

⑤　協議を行う旨の合意による場合（改正民法151条）

　権利について協議を行う旨の書面による合意ができた場合には次に掲げるいずれか早い時期まで時効は完成しません（同条1項柱書）。

　・その合意があった時から1年を経過した時（同項1号）
　・その合意において協議を行う期間を定めた場合にはその期間（ただし、1年よりも短い場合に限る）（同項2号）
　・当事者の一方から相手方に対して協議の続行を拒絶する書面による通知がなされたときから6カ月を経過した時（同項3号）

　なお、協議を行う旨の合意により時効の完成猶予の効果が生じている間

に再度協議を行う旨の合意を行った場合、再度の合意にも時効の完成猶予の効果が生じます。ただし、その効力は時効の完成猶予がなかったとすれば時効が完成すべき時から通じて5年を超えることができないとされています（同条2項）。

　また、催告により時効の完成猶予の効果が生じている間になされた協議を行う旨の合意と協議を行う旨の合意により時効の完成猶予の効果が生じている間になされた催告には、いずれも時効の完成猶予の効果が生じないとされました（同条3項）。

　※　協議を行う旨の合意による時効の完成猶予は、今回の改正で新たに規定されたものです。

d　時効の完成猶予を経ることなく時効の更新を生じさせる事由

　時効の完成猶予を経ることなく時効の更新（その時効が新たに開始されること）が生じる事由として「承認による時効の更新」があります（改正民法152条）。この規定により権利の承認がなされた時点からその時効が新たに進行することになります。

経過措置

　時効制度は強行規定ですから法律の定めるとおりに適用されます。そのため、改正前後の時限的な適応関係に十分注意して新旧どちらの法律が適用されるかを判断する必要があります。時効制度に関する経過措置については改正民法附則10条に規定されています。

(1)　時効期間について

　時効期間についての新旧の法律の適用関係は次のとおりです。
　・施行日前に生じていた債権
　・施行日前になされた法律行為によって施行日後に生じた債権

→ 改正前の法律が適用されます。
・施行日後になされた法律行為によって生じた債権
    → 改正後の法律が適用されます。

(2) 時効の中断、停止、時効の完成猶予、更新の適用について

・施行日前に生じた時効の中断、停止の事由の効果
    → 改正前の法律が適用されます。
・施行日後に生じた時効の完成猶予、更新の事由
    → 改正後の法律が適用されます。

事務手続の変更点

(1) 営業部店の実務

［従来の事務手続］

> 延滞者の管理
> 1　債務承認書の提出
> 　　貸付金の元金または利息を長期延滞している貸付先については、おおむね１年に１度延滞している貸付金について承認する書面（「債務承認書」様式任意）の提出を受ける。
> 　　債務承認書の提出を拒まれた場合にはその旨を直ちに債権管理部署に報告する。

　従来の事務手続あるいは事務指導では、上記の事務手続例のように延滞者から定期的に債務承認書の提出を受けるようにしている金融機関が多いと思います。この事務手続は今回の民法改正後でも変わることはありません。営業部店では延滞している貸付先について放置することは許されません。定期的に訪問し事情の聴取や回収交渉を行いその一環として書面による債務承認を定期的に提出させるようにする対応が必要です。

(2) 債権管理担当部署の実務

　債権管理担当部署の実務も今回の民法改正によって大きく変わることはありません。むしろ、今回の民法改正によって条文上の整理が明確になって、実務が行いやすくなった部分が多いように思います。従来の時効の中断の制度が時効の完成猶予、更新の制度に改正されたことに伴う変更点について整理して対応するだけでよいだろうと思います。後は経過措置に注意すれば十分だと思います。

　唯一注意が必要なのは、時効の制度の問題ではなく連帯債務に関する改正によるものです。従来は、連帯債務者の絶対効に「催告（履行の請求）」が含まれていました（現行民法434条）。このため、連帯保証人に催告することによりその効果が主債務者にも及ぶこととなり、主債務者にも催告による時効の中断が生じると考えられていました。しかし、今回の改正で催告の絶対効の規定は削除されてしまったので連帯保証人に催告しても主債務者には影響はなく、その結果、時効の完成猶予の事由としての催告も主債務者には生じないことになったことは注意しなければならないでしょう。

規定・様式等の変更点

　時効に関する規定は強行規定であり契約等に影響されることはなく、従来から時効に関連した事項が契約書等に規定されていることはありません。したがって、時効制度の改正に伴って規定・様式等を変更する点はありません。

　ただし、債権についての協議の合意が新たに時効の完成猶予の事由として盛り込まれたことから、債権についての協議の合意にかかる書面の書式例はあらかじめ用意しておくほうがよいと思います。もっとも、債権回収

の場面で用いるものであり個々の事情により内容が異なることが想定されるので、様式として定めてもそのまま活用できる場面はないだろうと思います。

　書式例のポイントは、債務の承認を求めるものではないので債権についての協議の内容について「債権の存否」が含まれることを明記すること、協議の期間を1年以内の期間で明記すること（改正民法151条1項参照）、などだと思います。これらを考慮して書式例をあげると次のとおりです。なお、あわせて協議の期間の延長の合意書の書式例もあげておきます（同条2項参照）。

[債権についての協議の合意書の例]

協 議 合 意 書

　　　　　　　　　　　　　　　　　　　　　　　　　年　　月　　日

　　　　　甲（相手方）　　住所
　　　　　　　　　　　　　氏名　　　　　　　　　　　　　　　㊞

　　　　　乙（金融機関）　住所
　　　　　　　　　　　　　名称
　　　　　　　　　　　　　代表者　　　　　　　　　　　　　㊞

　甲および乙は、乙が甲に対し請求する下記1記載の債権の存否等について下記2の期間をもって協議することに合意した。

記

1　乙が主張する債権の表示
　　貸付種類　　　　　　証書貸付（住宅ローン）
　　貸付日　　　　　　　　年　　　月　　　日
　　当初貸付額　　　　　　　　　　　　　　円
　　現在残元金額　　　　　　　　　　　　　円

2　協議を行う期間　　年　　月　　日から　　年　　月　　日

以　上

（注）　債務承認の趣旨が含まれないように、相手方について「債務者」等の呼称を用いないように注意しました。また、時効の完成猶予の効果を生じさせるためには債権の特定は不可欠ですが、この点も債権が存在することを前提とする記述や債務承認の趣旨が読み取れてしまわないようにすることが重要です。

［債権についての協議の期間延長の合意書の例］

協　議　合　意　書

　　　　　　　　　　　　　　　　　　　　　　　　　年　　　月　　　日

　　　甲（相手方）　　　住所
　　　　　　　　　　　　氏名　　　　　　　　　　　　　　　　　㊞

　　　乙（金融機関）　　　住所
　　　　　　　　　　　　名称
　　　　　　　　　　　　代表者　　　　　　　　　　　　　　　㊞

　甲および乙は、　　年　　月　　日付協議合意書にもとづき行っている乙が甲に対し請求する下記の債権の存否等についての協議の期間を、　　年　　月　　日まで延長することに合意した。

記

　（略）

　　　　　　　　　　　　　　　　　　　　　　　　　　　　以　上

第 5 章　時効の管理

3 時効に関する個別問題

　債権管理回収の業務における時効管理の実務の個別問題について今回の民法改正で影響が生じる点について解説します。

(1) 一部入金と時効の更新

　従来の解説書などでは「一部入金によって金銭債権の消滅時効は中断する」と解説されていることがありました。これは一部入金が現行民法の時効中断事由のうち債務の承認に該当する場合が多いことからそのように解説されていたものです。改正民法でも債務の承認により時効は「更新」されます（改正民法152条1項）から、このような理解は今回の民法改正では影響されません。実務的には用語の変更が必要になる点だけ注意すればよいことになります。
　また、一部入金が債務承認になるか、承認した債務の範囲はどこまでかを十分注意したうえで時効の更新の効果を検討しなければならないこと、一部入金自体が時効の更新事由ではないことも従来の解説となんら変わるところはありません。

(2) 保証人と時効の完成猶予、更新

　保証人が債務承認をしても主債務の時効は更新されません。この点は改正後も従来と変わりません。改正民法153条3項に時効の更新の効果は時効の更新の事由の生じた当事者（とその承継人）にのみ生じると規定されています。この点は現行民法では148条に規定されていました。用語の変更と引用条文が変わることに注意すればよいことになります。
　また、主債務者について時効の完成猶予、更新の事由が生じるとその効果は保証人に及びます（改正民法457条1項、現行民法457条1項）。この改

正も用語の変更のみで実質的な変更はありません。

　これに対し、従来の債権管理の実務では、連帯保証人に請求するとその請求の効果が主債務者にも及ぶので（現行民法458条による現行民法434条の準用）、連帯保証人に対する請求（裁判上の請求および催告）の効果が主債務者にも生じ主債務者の時効も中断することになるとして扱っていましたが、この点は大きな変更が生じました。今回の改正により連帯債務者の1人に対して行った履行の請求の効果が他の連帯債務者にも生じる旨を定めた現行民法434条の規定が削除され、連帯債務者の1人に対して行った履行の請求の効果は他の連帯債務者に及ばないこととなりました。その結果、連帯保証人に対して行った履行の請求の効果も主債務者に及ばず、時効の完成猶予の効果も生じないこととなったので注意を要します。

(3) 強制執行等による時効の完成猶予と更新

　改正前の民法では差押えが時効の中断事由として規定されていましたが（現行民法147条）、今回の改正でその内容が明確にされました。すなわち、改正民法148条1項には、強制執行（1号）、担保権の実行（2号）、民事執行法195条に規定する担保権の実行としての競売の例による競売（3号）、民事執行法196条に規定する財産開示手続（4号）の4つが明記されました。なお、これらの手続は時効の利益を受ける者に対してしないときは、その者に通知をした後でなければ時効の完成猶予、更新の効果が生じないと規定されていますが（改正民法154条）、この点は従来と変わりません。

　また、強制執行等による時効の完成猶予の効果は事由が終了するまで継続し、事由が終了した場合はその終了の原因によって次のとおりの効果が生じます（改正民法148条1項、2項）。なお、この効果も従来の考え方と変わりません。

　　・申立ての取下げまたは法律の規定に従わないことによる取消し
　　　→　事由の終了の時から6カ月経過するまで時効の完成猶予の効果が

継続します（同条1項）。
- その他の場合
  → 事由の終了した時から新たに時効が進行します（時効が更新されます）（同条2項）。

(4) 競売手続等への参加

　改正後の民法も、改正前と同様に債権届出書の提出や配当要求等については規定を設けませんでした。したがって、それらの事由が生じた場合の時効の完成猶予等の効果は解釈に委ねられていることになります。

　なお、従来の判例の立場は以下のとおりです。
- 債権届出書の提出は、その債権に関する「裁判上の請求」または「破産手続への参加」に該当せず、時効中断の効力が認められていません（最判平成元.10.13金法1241号29頁）。
- 不動産競売において執行力ある債務名義を有する債権者が行った配当要求は、差押えに準ずるものとして時効中断の効力を有するとされています（最判平成11.4.27金法1552号40頁）。
- 他の抵当権者の申立てによる競売手続において債権届出書と債権計算書を提出し債権の一部の配当を受領しただけでは差押えその他の時効中断事由に該当せず（最判平成8.3.28金法1453号38頁）、それだけでは残余の債権について時効中断の効力を生じないとされています。

　これらの判例の考え方は、改正後の民法のもとでも効果が同じになるように解釈されるものと考えてよいと思います。

【著者略歴】

桜井　達也（さくらい　たつや）

1980年　農林中央金庫入庫。
1989年　金融法務室に配属、その後法務部に移籍し、一貫して法務部門に在籍。
2009年　法務部長を最後に農林中央金庫退職。㈱協同セミナー（現：㈱農林中金アカデミー）常務取締役就任。
2014年　㈱協同セミナー常務取締役辞任。
同　年　㈱農林中金総合研究所常勤監査役就任、2018年退任。

［著書等］
『金融機関行職員のための預金相続事務手続活用マニュアル』（金融財政事情研究会、初版：2015年、第2版：2017年）
『JAバンク法務対策200講』（監修）（金融財政事情研究会、2017年）

［資格等］
商工会議所認定ビジネス法務エグゼクティブ
（ビジネス実務法務1級検定試験　合格）
（公社）日本証券アナリスト協会検定会員

金融機関行職員のための
債権法改正で変わる事務手続・規定・様式例

2019年1月23日　第1刷発行

著　者　桜　井　達　也
発行者　倉　田　　　勲

〒160-8520　東京都新宿区南元町19
発　行　所　一般社団法人 金融財政事情研究会
企画・制作・販売　株式会社きんざい
出版部　TEL 03（3355）2251　FAX 03（3357）7416
販売受付　TEL 03（3358）2891　FAX 03（3358）0037
URL https://www.kinzai.jp/

校正：株式会社友人社／印刷：株式会社日本制作センター

・本書の内容の一部あるいは全部を無断で複写・複製・転訳載すること、および
　磁気または光記録媒体、コンピュータネットワーク上等へ入力することは、法
　律で認められた場合を除き、著作者および出版社の権利の侵害となります。
・落丁・乱丁本はお取替えいたします。定価はカバーに表示してあります。

ISBN978-4-322-13415-5